JN434320

# 시조로 읽는 목민심서

한용운문학상 수상 기념 시조집

# 시조로 읽는 **목민심서**

김상홍

단국대학교출판부

# 서시序詩

조선의 정약용丁若鏞이 선명善鳴한 목민심서
시공을 초월하여 목민학牧民學 명저名著인데
서가書架서 잠만 자도록 놔둘 수가 없노라

다산학茶山學 연구한 지 오십 년 넘었으며
전국을 순회하며 청렴을 강의한 지
사십 년 지나갔건만 범죄자들 춤추네

부패와 간통하고 백로로 행세하니
강의를 잘못했나 세상이 썩었는가
어느덧 팔십이 되니 어찌하면 좋으냐

황하에 맑은 물이 흐르길 기원하며
불후의 목민심서 시조로 옮겼노라
다산학 연구 저서만 아홉 번째 책이다

다산의 목민심서 정격正格의 시조에다
변주變奏를 하였는데 팔백수八百首 되었노라
팔백수 모두 음수율音數律 사십삼43 자 똑같다

고전을 연시조로 옮긴 건 효시라네
남들이 가지 않은 새길을 개척하니
겨레 시 시조학사時調學史에 새 장르를 열었다

불후의 목민심서 시조로 옮긴 뜻은
누구나 쉽게 읽고 실천을 원해서고
시조의 새로운 지평地平 열기 위한 것이다

각 장章의 앞과 뒤에 소회素懷를 덧붙였다
시조의 역문譯文들은 노부老夫가 편저를 한
"다산의 꿈 목민심서" 저본底本으로 삼았다

다산의 목민심서 이백칠 년 지난 후
팔백수八百首 시조 되어 새롭게 태어났다
천상의 다산 선생이 미소 짓지 않을까

다산은 조선사람 조선시 즐겨 썼고
조선의 문학독립 선언서 시로 썼네
이제는 목민심서가 조선시가 되었다

팔백 년 역사 가진 겨레 시 시조 문학
다 함께 천착穿鑿하고 발전을 시킨다면
반드시 노벨 문학상 수상할 날 오리라

한민족韓民族 고유 문학 시조를 꽃피우고
경계와 신지평新地平을 넓히려 탑塔 쌓았다
노부老夫의 시조 사랑을 완소莞笑하기 바라네

공렴公廉한 나라 되어 부패가 사라지고
시조가 융성하고 사랑을 받는 데에
이 책이 작은 기여를 한다면은 좋겠네

한용운 문학상의 수상을 기념하여
설촌雪村의 서재에서 김상홍金相洪 삼가 쓰다
단기檀紀로 사삼오팔년4358, 2025 일월 구일 여명에

## 목차

제1장

# 서설

## 序說

### 공렴이 죽은 나라에
### 무슨 희망 있겠나

백성은 땅으로써 농토를 삼건마는民以土爲田
관리는 백성으로 전답을 삼는구나吏以民爲田
정약용 목민심서牧民心書에 실려 있는 글이다

이 글을 읽고서도 가슴이 안 떨리면
어떻게 사람이라 할 수가 있겠는가
부패한 조선 후기를 압축해 논 글이다

살려야 할 사람이 죽음에 이르렀고或生而致死之
죽여야 할 사람이 사는 데 이르렀다亦死而致生之
정약용 흠흠신서欽欽新書에 들어 있는 글이다

이 글을 읽고서도 눈물을 안 흘리면
가슴에 정의감이 사라진 사람이다
무너진 법치주의를 세우려는 글이다

머리털 한 올까지 모두가 병이 들어一毛一髮, 無非病
고치지 않는다면 나라는 망하리라今不改, 必亡國
정약용 경세유표經世遺表에 담겨 있는 글이다

이 글을 읽고 나서 정신이 번쩍 들면
조국을 사랑하는 마음이 있는 거다
부패한 조선왕조를 살리려는 글이다

유배의 아픔보다 나라를 걱정하고
조선을 개혁하여 새롭게 만들려는新我之舊邦
정약용 일표이서一表二書는 일월처럼 빛난다

다산은 유형지서 풍비風痹, 중풍의 일종가 낫지 않아
어느 날 죽게 될지 알 수가 없었지만
가슴에 우국지성憂國之誠이 활활 타고 있었네

살아서 고향으로 가거나 못 가는 건
자신의 기쁜 일과 슬픈 일 이건마는
백성들 죽게 된 것을 외면할 수 없었다

다산이 초당草堂에서 산 지가 십 년인데
춘궁기 보릿고개 백성들 힘겨울 때
관청서 곡식을 받고 오는 것을 못 봤다

세상에 곡식 한 톨 받은 적 없는 데도
겨울에 가가호호 육칠 섬 지고 가서
관창官倉에 바치는 것을 목격하고 놀랐다

수령은 백성들을 여섯 개 방법으로
아전은 열두 개의 수법 써 수탈하니
힘없는 민초들 삶은 생지옥과 같았다

수령은 번질反作 가분加分 허류許留와 입본立本 증고增估
가집加執의 수법으로 백성을 착취하여
뱃속을 고량진미로 채우느라 바빴다

아전은 번질反作 입본立本 가집加執과 암류暗留 반백半白
분석分石과 집신執新 탄정呑停 세전稅轉과 요합徭合 사혼私混
채륵債勒의 방법을 쓰니 흡혈귀와 같았다

분석分石은 한 섬에다 쭉정이 잔뜩 섞어
서너 섬 만들어서 숫자를 채운 후에
알곡을 쭉정이만큼 착취하는 것이다

수탈의 방법들이 갈수록 진화하여
아기를 장정壯丁으로 조작해 과세課稅하니
백성들 황구첨정黃口簽丁에 목을 놓아 울었다

뱃속의 태아들과 딸들이 아들 되고
절구杵臼와 강아지를 군안軍案에 올렸으니
부패한 조선왕조는 망할 날만 남았다

아기가 출생한 지 사흘이 안 됐는데
병적兵籍에 등록돼도 원망을 못했다고
다산은 목민심서의 첨정簽丁에서 밝혔다

악독한 탐관오리 착취에 귀재라서
사망한 사람에게 세금을 부과하니
백성들 백골징포白骨徵布로 피눈물을 흘리네

부친의 사망신고 하려면 물고채物故債와
부표채付標債 사정채査正債와 도안채都案債 네 개 세금
힘겨워 백골징포를 좋아했고 원했다

노전蘆田의 한 백성은 아기는 황구첨정
사망한 아버지는 기막힌 백골징포
당하니 삼대三代의 세금 납부할 수 없었다

이정里正이 외양간의 황소를 끌고 가니
백성은 칼을 갈아 방으로 들어가서
남근男根을 잘라버리는 처참한 일 있었다

소 뺏은 탐관오리 원망은 하지 않고
부친이 나를 낳고 내가 또 애를 낳은
남근에 죄가 있다는 자학 행위 슬프다

아내가 피가 뚝뚝 흘리는 남근 들고
관청에 호소하니 포졸이 막았노라
참극이 계해1803년 가을 강진에서 있었다

아들딸 낳는 일은 하늘이 준 것인데
말 돼지 거세함도 오히려 슬프거늘
스스로 남근 잘랐단 말은 듣지 못했다

세도가勢道家 일년내내 풍악을 울리면서
쌀 한 톨 포목 한 치 세금을 내지 않네
다 같은 백성이건만 잘들 살고 못 사나

다산이 참극 듣고 시로 쓴 애절양哀絶陽은
가혹한 황구첨정 혹독한 백골징포
실상을 폭로하면서 백성들을 품었다

두보의 우국시를 시사詩史라 부르듯이
다산의 우국애민 시들도 시사로다
불후의 목민심서에 애절양을 실었네

다산은 경세유표經世遺表 집필을 중단하고
목민관 교과서의 집필을 시작했다
그때가 귀양을 온 지 십칠 년1817이 되었다

다음 해1818 꽃핀 봄날 초당草堂서 완성하니
방대한 목민심서 사십팔 권卷이로다
한국의 행정학사에 신지평新地平을 열었네

백성을 다스리는 행위가 목민牧民이니
군자의 학문 중에 수신修身이 그 반半이요
그 반은 목민이라고 명쾌하게 밝혔다

죄인은 목민관을 할 수가 없는지라
다산이 수령들의 교과서 완성하니
천하의 목민심서가 유형지서 나왔네

다산은 목민관이 선하고 악함 따라
백성들 삶의 질이 차이가 나는 만큼
이들을 교화하려고 목민심서 썼노라

만일에 목민관牧이 된다면 백성民에게
이렇게 하겠다는 마음心에 있는 것을
썼기書에 목민심서牧民心書라 이름 붙인 것이다

아버지 정재원丁載遠은 네 곳의 수령 했고
다산도 곡산谷山부사 역임을 하였노라
이러한 현장 경험이 큰 도움이 되었네

다산은 목민관의 비리를 고발했다
세상에 수령들은 이익에 급급하고
어떻게 백성을 위해 일을 할지 몰랐다

백성들 곤궁하고 피폐해 떠돌다가
굶어서 죽은 시체 구렁에 가득해도
제 배만 살찌운다고 통탄하며 울었다

천하의 목민심서 편제를 살펴보자
열두 개 강목綱目에다 조목條目이 일흔두 개
세목細目이 육백쉰둘로 상세하게 되었네

강목은 부임赴任 율기律己 봉공奉公과 애민愛民 이전吏典
호전戶典과 예전禮典 병전兵典 형전刑典과 공전工典 진황賑荒
해관解官의 순서로 되어 실천하기 편하다

강목 중 부임 율기 해관은 수신윤리修身倫理
나머지 아홉 개는 모두가 치인윤리治人倫理
완벽한 목민관들의 교과서인 것이다

열두 개 강목마다 여섯 개 조목 있어
조목이 일흔두 개 세목이 육백쉰둘
구성이 논리적이고 과학적인 저서다

벼슬의 부임부터 끝나는 해관까지
서술한 교과서라 이대로 실천하면
훌륭한 목민관 되어 칭송받게 된다네

고려의 목민관은 전야벽田野闢 호구증戶口增과
부역균賦役均 사송간詞訟簡과 도적식盜賊息 다섯 개를
백성에 널리 베풀고 실천토록 하였다

조선의 목민관은 농상성農桑盛 호구증戶口增과
학교흥學校興 군정수軍政修와 부역균賦役均 사송간詞訟簡과
간활식奸猾息 일곱 개 항을 실천토록 하였다

고려의 다섯 항과 조선의 칠 개 항을
다산은 소략하고 부족한 것이라며
수신과 치인윤리를 육백쉰둘 밝혔다

다산의 목민심서 두 자로 요약하면
공정과 청렴함을 합해 논 공렴公廉이다
공렴은 나라도 살고 나도 사는 길이네

성품이 고결하고 처신이 청렴하며
불의에 강직하면 공렴한 사람이다
공렴이 죽은 나라에 무슨 희망 있겠나

다산이 일흔한 살 되던 해 쓴 시老人一快事에서
중국의 아류亞流 문학 되기를 거부하고
문학의 독립선언서 조선시론朝鮮詩論 밝혔다

노인의 즐거운 일 중에서 한 가지는
붓대筆가 가는 대로 마음껏 시 쓰는 것
어려운 운자韻字 쓰는 것 구속 받지 않노라

퇴고推敲도 오랜 시간 하지를 않는다네
흥취가 일어나면 내 뜻을 움직이고
내 뜻이 이르게 되면 바로 시를 쓰노라

이몸다산은 조선에서 태어난 사람이니我是朝鮮人
즐겁게 조선시를 지으며 사노라네甘作朝鮮詩
그대는 그대의 법을 쓰는 것이 맞도다

시작법詩作法 어긋난다 떠드는 자 누구뇨
구구區區한 중국시의 다양한 격률들을
먼 곳에 조선인들이 어이 알 수 있겠나中略

중국시 흉내 내려 애간장 태우는가
배 맛과 감귤 맛은 서로가 다르듯이
오로지 입맛에 맞는 것을 즐길 뿐이네이상 老人一快事

다산이 조선시를 쓰겠다 선언한 것
문학의 사대주의 벗어난 쾌거로다
문학의 독립선언서 이시논시以詩論時 했노라

조선을 사랑했던 뜨거운 열정으로
백성의 아픔들을 보듬고 껴안았다
애민愛民을 목민심서에 가득 담아 놓았네

중국의 한자漢字로 쓴 다산의 목민심서

시조로 옮겨 놓니 누구나 쉽게 읽네

다산의 조선시 정신 실천하는 길이다

(이상 56수)

제2장

# 부임

赴任

## 똥개가 관冠을 써도
## 호랑이 되지 않고

유배의 아픔보다 백성을 걱정했고
공렴公廉한 나라 위해 평생을 선명善鳴했다
갈 길이 다산학茶山學 속에 있는데도 모르네

좀스런 편 가르기 패악한 이중잣대
더러운 내로남불 갈수록 심화되니
다산의 공렴사상이 빛을 잃어 슬프다

다산의 목민심서 세목細目과 주석註釋에서
시공을 초월하는 명언과 교훈 중에
본래의 뜻을 그대로 시조에다 옮긴다

불후의 목민심서 첫 줄을 읽어보자
딴 벼슬他官 하더라도 목민관 하겠다고
스스로 구하는 것은 옳은 일이 아니다

임금과 목민관은 업무가 같은지라
대소大小의 차이일 뿐 막중한 일들인데
아무나 목민관 하면 안 된다는 것이네

수령이 공후公侯보다 백 배가 어려운데
어이해 수령 자리 구할 수 있겠는가
수령은 밝지 못하면 할 수 없는 자리다

제대로 못 한다면 백성이 해독 입어
사람들 비난하고 귀신이 책망하며
재앙이 후손들에게 미치는데 구하나

퇴계退溪가 이정李楨에게 보내준 편지 보자
부모를 봉양한단 핑계를 대가지고
의롭지 못한 녹봉祿俸을 받는 자가 있도다

이것은 북망산의 무덤공동묘지을 찾아가서
제사를 지낸 음식 구걸해 얻어다가
부모께 드리는 것과 다를 것이 없도다

부임赴任 길 의복 등은 옛것을 사용하고
새롭게 장만하는 요란을 떨 것 없다
검소를 실천해야만 공렴할 수 있노라

백성을 사랑하는 근본은 절용節用이고
절용 후 검소하고 검소 후 청렴하니
청렴한 이후에라야 자애로울 것이다

유의柳誼가 홍주洪州, 홍성목사 시절의 이야기다
찢어진 갓을 쓰고 떨어진 도포 입고
찌들은 띠를 두르고 조랑말을 탔었다

이불은 남루하고 베개도 없었지만
위엄이 세워졌고 권위가 대단했다
가벼운 형벌조차도 써본 일이 없었네

간사한 무리들과 교활한 자들까지
모두가 숨죽이고 두려워 떨었노라
이것은 내가다산 곁에서 눈으로 본 것이네

참판인 윤광안尹光顔이 교서校書를 할 때이다
도포가 성글어서 상복과 같았으나
경상도 감사가 되자 높은 위엄 있었네

유강柳堈이 충청감사 재직 시 일이로다
밀납蠟을 이용해서 패영貝纓, 갓끈을 삼았으나
열읍列邑이 두려워하여 존경하고 따랐네

임금을 하직하고 대궐 문 나선 후에
속으로 백성들의 소망에 부응하고
성은에 보답할 것을 다짐 굳게 하거라

백성을 다스리는 방법은 약속이다
세 번을 알려주고 다섯 번 일깨우고
기한이 넉넉하도록 주어야만 옳도다

주선을 할 수 있게 충분한 시간 주고
어기는 자 있으면 약속을 실행해도
다른 말 하는 자들이 없을 것이 아닌가

능력이 부족한데 수령을 하게 되면
머리가 작은데도 큰 감투 쓴 것 같아
눈앞이 보이지 않아 백성들만 괴롭다

똥개가 관冠을 써도 호랑이 되지 않고
거적문 돌쩌귀를 박으면 대문 되나
수령은 소나 개들이 하는 것이 아니다

까마귀 분칠하고 백로로 행세하니
조용한 날이 없어 나라가 시끄럽다
일말의 양심 있거든 목민심서 읽어라

부패와 간통하고 나대며 깨춤 추고
잡범과 죄인들이 꽃가마 올라타니
옛날의 탐관오리와 어찌 그리 닮았나

하루를 살더라도 바르게 살아가라
더러운 돈을 갖고 가족을 부양하면
부모와 처자식들을 모독하는 것이다

(이상 24수)

제3장

# 율기

## 律己

## 지혜가 얕은 자들은
## 탐관오리 되노라

다산의 목민심서 핵심은 공렴公廉인데
공렴을 짓밟고선 부패와 간통하면
가슴에 주홍글씨는 죽더라도 남는다

수신修身도 안 되었고 제가齊家도 못했는데
치국治國을 하겠다면 소들도 웃는다네
손으로 푸른 하늘을 가릴 수가 있는가

자신을 지켜내는 원칙이 율기律己이니
자신을 지켜야만 백성을 지킨다네
심신을 다스려야만 수령할 수 있노라

아전의 농간들과 호족의 횡포들을
이기고 공평하게 처리를 하려거든
한 점의 약점이라도 있어서는 안 된다

기거起居에 절도 있고 관대冠帶도 단정하며
백성을 대할 때에 장중히 해야 한다
이것이 벼슬살이를 하는 이의 옛 도道다

조변趙抃, 宋人이 성도成都에서 벼슬을 할 때이다
밤이면 낮에 한 일 하늘에 아뢰었고
고할 수 없는 일들은 감히 하지 않았네

공사公事에 틈이 나면 정신을 집중하여
백성을 편안케 할 방책을 헤아려라
선정善政의 길을 찾아서 지성으로 하거라

정호程顥, 宋人가 집무실에 써놓고 반성했다
"내 몸이 상처난듯 백성들 돌보거라視民如傷"
"날마다 이 네 글자에 부끄러움 있노라"

송나라 장구성張九成이 판관判官 때 말하였다
"내 한 몸 하루라도 한가히 지낸다면
백성들 끝이 없도록 괴로움을 당한다"

벼슬을 잘하려면 세 자三字의 비결 있다
"첫째가 맑을 청淸자 둘째는 삼갈 신愼자
셋째는 부지할 근勤자" 명심하고 지켜라

함부로 말을 많이 하면은 실언하고
갑자기 화를 내면 체신이 떨어진다
수령은 일언일동을 신중하게 행하라

수령의 말 한마디 행동과 침묵까지
살살이 재하자在下者가 살피고 염탐한다
밖으로 새어 나가니 조심토록 하거라

정선鄭瑄, 明人이 말조심에 대하여 말했도다
"자신이 목민관이 되는 날 표적 되니
언제나 일언일동一言一動을 신중하게 하거라"

"한마디 말로 인해 화평和平이 상처 나고
한 가지 일로 인해 복된 것 꺾어진다
당연히 실수 없도록 점검해야 한다네"

백성을 너그럽게 대하고 보살피면
순종을 하지 않는 사람이 있겠는가
처신이 관대하면은 많은 사람 얻는다寬則得衆

군자가 중후함이 없어서 가벼우면
위엄이 전혀 없어 권위가 서겠는가
백성의 윗사람 되면 신중토록 하거라

술 끊고 여색 끊고 안일을 물리치고
공손히 큰 제사를 받들듯 처신하라
즐기고 방탕한 짓에 빠져들면 되겠나

기생은 요염하니 눈짓도 주지 마라
초하루 보름날에 점고 때 이외에는
문 안에 들어서지를 못하도록 하거라

색욕을 끊으려고 부모의 초상화를
방안에 걸어놓고 자신을 단속했네
조변趙抃, 宋人이 벼슬할 때에 실천했던 일이다

숙종 때 유봉서柳鳳瑞는 기생을 벗어나려
아버지柳尙運, 영의정 초상화를 보면서 울었으나
마침내 유혹에 빠져 임지에서 죽었다

영조 때 유관현柳觀鉉은 올곧고 검약했다
기생의 노랫소리 듣고서 말하였다
“농부들 노래소리를 듣는 것만 못하다”.

수령은 금주禁酒 금색禁色 금황일禁荒逸 실천하라
다산의 삼금론三禁論은 천하의 명언이다
술 여자 안일에 빠진 자가 일을 하겠나

수령이 놀이하며 즐기는 짓을 하면
백성들 좋아하는 사람이 있겠는가
처신을 단정히 하고 움직이지 말거라

정조正祖 때 정상순鄭尙淳이 평안도 감사 시절
이년 간 재직하며 대동강 연광정練光亭을
한 번도 구경을 않고 평양 땅을 떠났네

다산은 서른살 때 아들이 요절했다
남강과 촉석루서 기생과 놀은 죄로
하늘이 아들 죽는 벌 내렸다고 시詩 썼네

다산이 유배된 지 구 년1809된 동짓달에
꿈속에 천하미인 유혹을 받았지만
손 한번 잡지를 않고 시詩 써주고 보냈네

"눈 덮인 산속 깊은 곳에 핀 한 송이 꽃
내 마음 금강석과 쇠처럼 단단한데
풍로가 있다고 한들 내 마음이 녹겠나"

치적이 이뤄지고 백성들 기뻐하면
잔치를 마련해서 다 함께 즐기거라與民同樂
이 또한 전임자들이 행하였던 일이다

어선이 바다에서 항구로 돌아오면
아전과 군교軍校들이 한 척당 이백 문씩
수령의 유흥 비용을 핑계 대고 뜯었다

수령은 만덕사萬德寺서 풍류를 즐기는데
백성들 눈을 흘겨 저주와 욕을 하네
혼자서 즐기는 것은 옳은 일이 아니다

청렴은 목민관의 기본적 업무이며
만선萬善의 원천이고 만덕萬德의 뿌리이다
청렴치 못한 자들은 수령될 수 없노라

조선에 청백리로 선발된 사람들이
통틀어 백십 명에 지나지 않는구나
세상에 너무 적어서 부끄러운 일이다

태조太祖 후 사십오 명 중종中宗 후 삼십칠 명
인조仁祖 후 이십팔 명 모두가 백십 명뿐
경종조景宗朝 이후부터는 선발마저 끊겼네

나라의 가난함이 갈수록 더해 가고
백성들 곤궁함이 더욱더 심해졌네
너무나 어이가 없고 한심한 일 아닌가

조선이 개국한 지 사백 년 되었노라
그동안 벼슬한 자 천 명과 만 명인데
청백리 선발된 이가 백십 명뿐 이라네

세상에 청백리로 선발된 사람들이
모두다 합쳐봐도 백십 명 불과하니
이것은 사대부들의 수치인 줄 알거라

다산이 상산록象山錄을 인용한 것을 보니
세상에 청백리도 등급이 있었구나
청백淸白의 행적에 맞춰 상중하로 나눴다

일등급 청백리는 봉급 왼外 먹지 않고
먹고서 남는 것은 집으로 안 보냈다
벼슬을 그만두고서 낙향 때도 멋졌네

한 필의 말을 타고 쓸쓸히 가는 것이
이른바 그 옛날에 말하는 청백리다
일등급 청백리들이 몇 분이나 있을까

이등급 청백리는 봉급의 이외 것은
명분이 바른 것은 모두 다 먹었지만
바르지 않은 것들은 일절 먹지 않았네

먹고서 남은 것은 집으로 보냈는데
이렇게 하는 것이 중고中古의 청백리다
이등급 청백리들도 자존심이 강했네

삼등급 청백리는 규례規例가 있는 것은
명분이 올바르지 않아도 먹었으며
규례가 없는 것들은 죄를 짓지 않았네

향임鄕任의 자리까지 파는 일 없었으며
천재天災를 입은 전답 세금을 감해주는
재감災減을 훔쳐서 먹는 더러운 짓 안 했네

곡식을 팔아먹는 추한 짓 없었으며
송사訟事와 옥사獄事 일을 파는 일 없었노라
조세를 더 부과하여 착복하지 않았네

이것이 오늘날에 말하는 청백리다
일등을 하는 것이 진실로 좋지마는
할 수가 없는 경우에 이등급도 좋다네

삼등은 옛적에는 팽형烹刑을 당했나니
선함을 좋아하고 악함을 미워하면
반드시 그런 일들을 하지 않을 것이네

양병楊秉, 後漢人은 청렴하고 검소한 관리이다
자신은 술 여자와 재물을 보고서도
유혹에 넘어간 적이 없었다고 말했네

청렴은 큰 장사로 이익이 많이 남아
큰 꿈이 있는 자는 반드시 청렴하고
지혜가 모자란 자는 부패 늪에 빠지네

지혜가 슬기롭고 사려가 깊은 이는
욕심이 크고 많아 청렴한 관리되고
지혜가 얕은 자들은 탐관오리 되노라

노나라 공의휴公儀休가 재상이 되었을 때
혹자가 물고기를 보내자 안 받았다
어이해 받지 않느냐 물어보자 답했다

"물고기 좋아해서 안 받는 것이지요
재상의 월급으로 물고기 살 수 있소
뇌물로 받아먹다가 파면되면 못 먹소"

옛부터 지혜 있는 선비는 청렴으로
교훈을 삼았으며 탐욕을 경계했다
부패와 간통을 하면 선비라고 하겠나

선비의 청렴함은 처녀의 순결 같아
한 점의 오점에도 평생의 흠이 된다
어두운 방에서 한 일 비밀보장 안 되네

포증包拯, 包靑天은 자손 중에 부정을 범한 자는
집으로 돌아오지 못하게 하였으며
죽어도 선영에 묻지 못하도록 하였네

송나라 나경륜羅景綸은 이렇게 말하였다.
이른바 사대부가 돈 한 푼 좋아하면
그자의 인격 가치는 한 푼 값도 못 되네

송나라 진여의陳與義도 시詩에서 읊었노라
"옛부터 지금까지 유명한 선비들은
명분이 없는 돈들은 절대 쓰지 않았네"

송나라 양백자楊伯子도 이렇게 말하였다
"이른바 사대부가 청렴을 실천하면
백百에서 칠십七十까지를 완성시킨 것이네"

명나라 풍몽룡馮夢龍이 이렇게 말하였다
"천하의 못난 짓은 돈 밝혀 일어나고
끝없이 좋은 일들은 돈 버려야 생기네"

정선鄭瑄, 明人은 인간들의 탐욕을 경계했다
"얻기를 탐하는 자 만족을 모른 것은
모두가 사치하기를 밥 먹듯 한 결과다"

"마음이 편안하고 담담해 지족知足하면
재물을 구해다가 어디다 쓸 것인가
세상에 청풍명월을 사랑하면 돈 드나"

"대울과 초가집에 돈 쓸 일 있겠으며
책 읽고 담도談道함에 돈이 들 일이 없고
결기潔己와 애민愛民하는 데 돈이 들 일 있는가"

"어려운 사람들을 모두 다 구제하고
천하의 만물들을 이롭게 하는 일에
금전이 남아 있을 수 없는 것이 아닌가"

"이렇게 내 자신을 바르게 성찰하면
세상을 사는 맛에 벗어나 초탈하니
탐욕의 나쁜 마음이 생길 수가 있겠나"

수령이 청렴하지 않으면 백성들이
도둑놈 지나간다 모두가 욕을 하니
얼마나 수치스럽고 부끄러운 일인가

뇌물을 주고받는 비행을 할 때에는
아무도 모르도록 비밀리 하지마는
밤중에 했던 일들이 아침에는 다 안다

왕밀王密, 後漢人이 양진楊震에게 황금을 몰래 주자
“하늘도天知 귀신들도神知 나와我知 너子知 알고 있다”
조용히 책망을 한 후 받지 않고 보냈네

선물로 보낸 것이 하찮은 것이라도
은정恩情이 맺어지면 사정私情이 행해 진다
자신도 모르는 사이 공렴함을 잃노라

양속羊續, 漢人이 태수太守 시절 물고기 선물 받고
매달아 두었는데 또다시 선물하자
그전에 받은 고기를 보여주니 그쳤네

사도査道, 宋人가 순시할 때 있었던 이야기다
부하가 대추 따서 드시라 말을 하자
그 값을 대추나무에 걸어 놓고 갔노라

청렴한 관리들을 귀하게 여긴 것은
그들이 지나가는 산림과 천석泉石들도
모두가 맑은 빛들을 받게 되는 이유다

이백李白이 우성현虞城縣에 부임을 하였는데
관사의 옛 우물이 맑으나 맛이 썼다
이백이 선정을 하니 단 샘물이 되었네

방준方峻, 宋人이 샘 파는 일 완성이 되고 나서
공복公服을 차려 입고 향 피고 기도했다
“자손들 청백한 것이 우물 같게 해주오”

방표房豹, 北魏人가 낙릉군의 수령이 되었는데
우물을 팠더니만 물 맛이 좋았노라
임기가 끝나 떠나자 샘이 다시 짜졌네

진기한 물건들이 고을서 생산되면
백성들 고생하니 하나도 간직 마라
귀향 시 빈손이어야 청렴한 것 아닌가

포증包拯이 단주端州에서 이렇게 하였노라
벼루端溪硯를 공물貢物만큼 만들라 지시했고
갈 때에 벼루 하나도 가져가지 않았네

정도가 지나치고 격렬한 행동이나
조금도 정이 없는 삭막한 행위들은
인정에 맞지 않아서 군자들은 안 하네

명나라 양계종楊繼宗은 각박한 사람이다
부인이 돼지머리 받았다 쫓아내니
이것은 군자가 취할 일이 아닌 것이다

남조南朝 때 송나라의 공기孔覬는 과격해서
비단을 불 속에다 넣고서 태웠노라
군자는 과격한 짓을 행하지를 않는다

수령이 청렴해도 치밀치 못하거나
재물을 썼는데도 실효가 없는 것은
이 또한 칭찬할 수가 없는 일이 아닌가

잘못된 관례들이 전해져 내려오면
굳건한 마음으로 바르게 개혁하라
개혁이 어려운 것은 범하지를 말거라

고려 때 경주유수 권단權旦의 이야기다
능라綾羅를 공납하고 남은 것 많았는데
유수留守가 남은 능라를 착취하고 있었네

권단이 남은 능라 갑방甲坊, 보관소을 폐지하고
일 년에 거둬들인 능라를 가지고서
삼 년간 낼 공물貢物으로 충당하게 하였네

자기가 베푼 것을 발설도 하지 말고
덕행을 하였다는 표정도 짓지 말라
전임자 잘못한 것을 발설하지 않노라

정선鄭瑄은 청렴하기 어려운 것 아니고
청렴을 나타내지 않는 것 어려우며
얕보고 억압 않는 것 어렵다고 말했네

정선은 "청렴함은 벼슬의 본분인데
자신이 청렴하다 자랑을 하지 말고
오만한 행동을 하면 안 된다"고 하였네

청백리 이안눌李安訥이 이렇게 말하였다
“이 몸이 수령이나 절도사 지낼 적에
어떻게 흠이 하나도 없을 수가 있겠소”

“부인이 살림 못해 내 옷과 물건들이
남에게 아름답게 보이지 못했기에
청백한 걸로 보이니 부끄러운 일이오”

청렴한 관리들은 베품이 많지 않고
책임은 모두 지고 남에게 적게 한다
청탁이 사라져야만 청렴한 것 아닌가

인조仁祖 때 조극선趙克善이 수령에 있을 때다
소리小吏가 매鷹를 잃고 다른 매 사 바치니
“그 매가 날아갔는데 너는 죄가 없노라”

청렴한 소리들이 사방에 퍼져 나가
날마다 좋은 소문 더욱더 빛이 나면
참으로 영광스럽고 아름다운 일이다

영의정 채제공蔡濟恭이 이천伊川의 부사 시절
정사가 청렴하고 간결히 처리했다
감사監司가 그의 성적을 평가하며 말했네

“어떠한 덕정德政들을 펼치고 행했기애
이천의 물이 맑게 되었나” 물었노라
청백리 선정善政을 하면 산천들도 변하네

숙종 때 이규령李奎齡이 수원의 부사 시절
정사가 청렴하고 선정을 베풀어서
소문이 사방에 널리 퍼져 나게 되었다

문정공文正公 송시열宋時烈이 편지로 치하했다
“큰물이 흐르면은 지척서 안 들린다
그대의 어진 소리는 쟁쟁하게 들리네”

수신修身한 이후에야 집안을 다스리고
집안을 다스린 뒤 나라를 다스린다
고을을 다스리려면 집안 단속 먼저다

고을을 다스림은 치국治國과 똑같으니
제가齊家도 하지 못한 무능한 인간들이
어떻게 수령이 되어 치현治縣할 수 있겠나

집안을 다스리는 몇 가지 요점 있다
첫째로 종행자從行者를 법대로 해야 하고
둘째로 치장하는 것 검소하게 하거라

셋째로 먹는 것은 절약을 해야 하며
넷째로 부녀閨門들은 엄근嚴謹을 실천하고
다섯째 청탁은 끊지 않으면은 안 된다

여섯째 물건 살 때 청렴을 실천하라
이것에 법을 바로 세우지 못하면은
수령의 정사를 가히 알 수 있는 것이다

국법에 어머니를 모시고 임지 가면
나라가 그 봉양비奉養費 지급을 하였노라
부친은 모시고 가도 지급하지 않았네

청렴한 선비들은 임지로 부임할 때
가루家累들 데리고서 가지를 않았노라
가루란 처와 자식을 지칭하는 말이다

수령을 하려면은 세 가지를 버리는데
가옥과 노복奴僕들과 그리고 자식이다
자식이 호사豪奢하면은 방탕하니 그랬네

연산燕山 때 윤석보尹碩輔가 풍기로 발령 나자
남자 종 여자 종을 한 명씩 데려갔다
부인은 집에다 두고 근무지로 갔노라

후일에 성주목사 재직 시 일이로다
부인이 임신한 지 팔 개월 되었는데
가마는 타지 못하고 말을 타고 갔노라

처남인 박중간朴仲幹이 상주의 목사 시절
자형이 빈약해서 소금을 보내 줬다
윤공윤석보은 돌려보내고 불쾌하게 여겼네

의복을 사치하면 사람들 꺼려 하고
귀신도 미워하고 시기를 하게 된다
자신의 복을 꺾는 길 걸어 가면 되는가

음식을 사치하면 재화가 소모되고
물자를 탕진하게 되는 것 자명하다
재앙을 자초하는 일 무엇 하려 하느냐

조어趙峿가 합천군수 시절에 청렴했다
아들이 찾아올 때 양식을 갖고 왔고
은어가 썩게 되어도 맛 못보게 하였네

부인이 엄숙해야 가도家道가 바로 선다
관서官署가 법을 세워 금지를 하는 것이
우레와 서릿발같이 준엄해야 정도正道다

권일權佾이 숙종 시절 원님이 되었을 때
모친이 "백성에게 관용을 베풀어야
어미가 봉양 받기에 부끄러움 없노라"

“내외를 엄숙하게 단속을 안 하면은
뇌물이 들어오는 통로가 될 것이다
각별히 조심을 하라” 신신당부 하였네

청탁을 할 수 없고 뇌물이 안 통하면
집안을 바로잡은 것이라 할 수 있다
부인도 청렴해야만 당당할 수 있노라

조행操行이 견실했던 고려의 유응규庾應圭는
남경양주의 원님 시절 정사에 청렴했네
부인이 해산한 후에 유방염乳房炎이 심했네

부인이 나물국만 먹는 것 본 아전이
남몰래 꿩 한 마리 부인께 선물하자
“평소에 주인 어른은 선물 받지 않았소”

“내 배를 채우려고 주인의 맑은 덕에
어떻게 누를 끼쳐 드릴 수 있겠어요”
아전은 부끄러워서 꿩을 갖고 갔노라

문정공 김상헌金尙憲은 청렴한 관리였다
혹자가 자기 처가 뇌물을 받아먹어
비방을 듣고 있다고 김공에게 말했네

김공이 혹자에게 이렇게 충고했다
“부인의 소청所請들을 모두 다 거절하면
비방이 저절로 그칠 것이다”고 말했네

관리는 깨닫고서 충고를 실천하니
자연히 비방하는 소리가 사라졌다
부인은 김상헌에게 항상 욕을 해댔네

“저 혼자 청백리가 됐으면 그만이지
남까지 본받게 해 고생을 내가 하네”
일화가 정재륜鄭載崙이 쓴 인계록因繼錄에 나온다

청백리 윤석보尹碩輔가 풍기豊基의 군수 시절
아내와 자식들은 시골에 살았는데
추위와 굶주림으로 견딜 수가 없었네

부인이 비단옷을 팔아서 밭을 샀다
윤공이 소식 듣고 편지를 보냈는데
“그 밭을 되돌려 주라” 간곡하게 말했네

“고인古人들 한 자 한 치 전답을 안 넓히고
오로지 임금에게 충성을 다하였소
이 몸이 대부大夫가 되어 말석에서 있잖소”

“녹祿 받고 밭 사는 것 옳은 일 아니잖소
어이해 나의 죄를 무겁게 하는 거요”
부인은 샀던 그 밭을 돌려주고 말았네

조정의 고관들이 사적인 편지 보내
청탁과 비밀 거래 요청을 하는 경우
응하고 들어주는 일 있어서는 안 되네

유의柳誼가 홍주洪州 목사 시절의 이야기다
이 몸다산은 금정金井찰방 벼슬에 있었노라
홍주에 편지를 보내 공적 업무 물었네

유의가 답을 주지 않아서 궁금했다
후일에 홍주 가서 유의를 직접 만나
"어이해 답서答書를 주지 않았는지" 물었네

유의가 나를 보고 이렇게 답하였다
"공직에 있을 때는 편지를 안 봅니다"
서롱書籠에 많은 편지 중 뜯은 것이 없었네

서롱엔 귀인貴人들의 편지가 가득했다
이 몸이 "공무公務 일로 발송한 편지인데
어이해 뜯어서 보지 않았느냐" 물었네

유의가 "공문으로 보내지 않았나요"
이 몸이 "비밀이라 그렇게 하였다오"
유의가 "비밀히 공문 보내지를 않았소"

이 몸은 유의에게 할 말이 없었노라
유의가 사사로운 청탁을 끊는 것이
이처럼 엄정하였고 단호하고 맑았네 .

가난한 친구들과 곤궁한 친척들이
먼 곳서 찾아오면 귀찮고 힘들어도
후하게 대우를 한 후 보내도록 하거라

수령을 잘하려면 반드시 자애롭고
청렴을 실천하고 언제나 검약하라
절용節用은 목민관들의 으뜸 되는 의무다

부채가 많아지면 탐욕이 절로 생겨
백성의 고혈들을 빼 먹는 짓을 한다
백성을 사랑하려면 절용부터 하거라

기건奇虔이 제주도서 근무 시 이야기다
제주도 해녀들의 고생을 생각하여
전복을 입에 안 대고 제주도를 떠났네

칠도七道의 관찰사를 역임한 정응두丁應斗, 다산 선조는
순시巡視 때 화문석에 앉은 일 없었노라
이렇게 복을 아끼고 검소하게 살았네

절도사 이득준李得駿이 강진康津의 현감 시절
채소밭 가꾸어서 남은 것 나눠줬다
지금에 이르기까지 칭송하고 있노라

오로지 절약하고 쓰지를 않는다면
자연히 친척들과 사이가 벌어진다
베풂을 즐기는 것은 덕을 심는 길이다

연못의 물이 흘러 만물을 적시듯이
절약을 하는 이는 베풀기 마련이요
절약을 안 하는 자는 베풀 수가 없노라

이몸이다산 귀양 살며 수령을 보았는데
동정한 수령들은 의복이 검소했고
의복이 화려한 자는 나를 돕지 않았다

송나라南北朝 강병지江秉之가 태수로 재직할 때
봉급을 친척들과 이웃에 나눠 줬다
그곳서 저술한 책도 남겨두고 떠났네

수나라 방언겸房彦謙이 현령이 되었을 때
봉급은 친구들과 친척을 도와줬다
자손에 남겨줄 것은 청백淸白이라 하였네

우리집 창고 속이 여유가 있어야만
남에게 도움 주고 베풀 수 있는 거다
나라의 재물 훔쳐서 베푸는 것 아니네

광야鄺埜, 明人는 월급으로 모포를 한 장 사서
고향에 보냈는데 부친이 돌려주며
"불의不義한 물건이 나를 더럽혔다" 말했네

봉급을 절약하여 백성을 돌봐주고
집에서 농사지은 곡식을 친척 주면
아무도 원망을 하는 사람들이 없노라

귀양 온 사람들과 떠도는 유랑인들
궁하고 불쌍하니 보살펴 줘야 한다
이것도 어진 사람이 힘써 하는 일이다

전란을 당했을 때 떠도는 사람들을
수령은 살 수 있게 도움을 줘야 한다
이것이 의인이 하는 아름다운 일이다

선조 때 강수곤姜秀崑이 고창高敞의 현감이다
전란임진왜란과 흉년으로 인육人肉을 먹었는데
도와줘 살려낸 이가 천여 명이 되었네

권력이 있는 가문 세도가 있는 이를
후하게 섬기는 것 옳은 일 아니라네
청렴한 재상이라면 임금에게 알린다

정붕鄭鵬이 청송靑松부사 시절의 이야기다
영의정 성희안成希顔과 친교가 있었는데
벌꿀과 잣을 구하는 편지 받고 답했네

"잣들은 산꼭대기 나무에 달려 있고
벌꿀은 백성들의 벌통에 있습니다
수령이 어떻게 이를 얻을 수가 있겠소"

정붕의 거절 편지 받고서 성희안은
너무나 부끄러워 사과를 하였노라
정붕은 영의정 청을 들어주지 않았네

형극荊棘의 유배살이 십팔 년 이겨내고
뜨거운 우국애민 선명善鳴한 고운 마음
다산의 공렴公廉 사상은 지켜야 할 가치다

세상에 청백리도 세 등급 있다 했네
청렴의 실천 따라 상중하 구분하니
다산은 실학자다운 참모습을 보였다

부패와 간통하면 가슴에 주홍글씨
저승에 가더라도 지울 수 있겠는가
사람의 일생행적은 고칠 수가 없노라

다산이 목민관의 갈 길을 밝혔는데
까마귀 분칠하고 백로로 행세하네
이들의 후안무치에 국민들은 괴롭다

다산의 목민심서 수령들 교과서로

국한을 하는 것은 오독誤讀한 것이로다

아는가 고종황제도 목민심서 읽었다

(이상 156수)

# 제4장

# 봉공
## 奉公

사대부 벼슬살인
버릴 기棄 한 자이다

남들이 말 못하고 행동을 못할 때에
말하고 행동해야 진정한 선비라네
다산은 선비의 길을 뚜벅뚜벅 걸었다

선비가 목민관이 되는 건 영광이다
경륜이 있어야만 선정을 할 수 있고
공렴을 실천해야만 성공할 수 있노라

봉공奉公은 개인적인 이익을 버리고서
나라와 국민 위해 일하는 것이로다
공익을 우선하는 삶 아름답지 않은가

공익을 외면하고 사익을 채운 자들
완장을 차고 나서 노는 꼴 가관이다
일말의 양심 있거든 석고대죄 하거라

부패와 간통하고 백로로 행세하니
나라가 시끄럽고 국민들 피곤하다
손으로 푸른 하늘을 가릴 수가 있는가

군수와 현령들의 책무는 두 가지다
임금의 은덕들을 흐르게 해야 하고承流
임금의 덕화를 널리 퍼지도록 하는 것宣化

조정이 명령한 것 백성이 싫어하여
시행을 못 한다면 병 있다 핑계 대고
벼슬을 내려놓고서 귀거래사 읊어라

법이란 임금님의 명령과 똑같으니
국법을 안 지키면 왕명의 거역이다
신하가 왕의 명령을 거역할 수 있는가

법률에 금하는 일 해서는 아니 된다
대대로 내려오는 고을의 관례라도
국법에 어긋난다면 범해서는 안 되네

확연히 법을 지켜 굽히지 않으면은
사람의 사사로운 욕심이 물러나고
천리天理가 널리 흘러서 행하여질 것이다

허조許稠가 전주판관 시절에 한 일 보자
“법 아닌 것으로써 처단을 하게 되면非法斷事
하늘이 벌을 내린다皇天降罰” 걸어놓고 일했네

선조宣祖 때 권극지權克智는 법대로 처리하니
사람들 사사로이 요구를 못하였다
그래서 모든 사람이 “쇠부처”鐵浮屠라 하였네

국법이 금하는 것 형률에 있는 것은
마땅히 조심하고 걱정을 해야 하며
함부로 범하는 일이 없어야 할 것이네

수령은 이익 앞에 유혹을 물리치고
위세에 안 굽혀야 직무를 다한 거다
상사가 독촉을 해도 받아주지 않는다

법으로 무해하면 지켜서 변경 말고
관례가 이치에도 합당한 것이라면
준수해 잃지 말도록 하는 것이 옳도다

군현郡縣서 쓰는 것은 국법이 아니로다
부역賦役과 징렴徵斂들은 아전들 자의恣意이니
시급히 개혁을 하고 방치해선 안 되네

서로가 예의로써 교제를 하는 것은
군자는 신중하게 여기는 것이로다
공손이 예에 맞아야 치욕들이 없노라

감사監司가 인사 고과考課 잘못을 하게 되면
관직을 내버리고 집으로 돌아가라
벼슬에 구차스럽게 연연해선 안 되네

상사가 명령해도 공법公法에 어긋나고
민생을 해친다면 굽혀선 아니 된다
스스로 조심을 하여 확연하게 지켜라

예禮에는 공손하지 않으면 아니 되고
의義에는 결백하지 않으면 아니 된다
예의禮義가 온전해야만 군자라고 하노라

사대부 벼슬살인 버릴 기棄 한 자字이다
행동에 장애 있고 마음에 거슬리고
상사가 무례하면은 벼슬 놓고 가거라

이웃의 고을과는 서로가 화목하고
예로써 대한다면 후회가 있겠는가
잘못이 있다고 해도 틀어짐은 없거라

전관前官이 잘못한 것 덮어서 가려주고
지은 죄 도와주어 벌 받지 않게 하라
다산의 고운 심성과 인간애가 담겼네

소민小民은 하소연을 할 곳이 없지만은
천하에 가장 높아 산 같은 존재이다
성현이 소민 보호를 잘하라고 하였네

아전의 부정들을 자세히 살핀다면
수령이 관대해도 피해가 없게 된다
부정을 못 살핀다면 엄하여도 허사네

당나라 하역우荷易于는 부역을 독촉함에
가난한 백성에게 핍박을 하지 않고
자기의 봉급을 털어 대신 세금 내줬네

상사가 합리적인 일들이 아닌 것을
강제로 고을에다 배정을 하게 되면
상사를 설득 시키고 실행하지 않노라

다산이 곡산부사谷山府使 시절의 이야기다
무오년1798 현물 수납 반이나 끝냈는데
상사宣惠廳가 좁쌀 칠천 석 현금 납부 명했네

임금의 허락받고 공문을 보냈지만
이몸다산은 그럴 수가 없다고 고집하여
현물로 수납을 하고 창고문을 봉했네

임금正祖이 죄 주자는 장계를 읽고서는
"잘못은 선혜청이 한 것이 분명하다
부사府使인 정약용 지은 죄가 없다" 하였네

사표를 제출하고 집으로 가려다가
저보邸報, 공문를 받고 나서 그제야 그만 뒀다
다산은 입론立論한 것을 모두 실천 하였네

과거科擧의 고시관考試官에 경관京官과 차출되어
과장科場에 나간다면 공정히 할 것이며
경관이 사적인 정을 행하거든 막거라

선비는 춥더라도 곁불을 쬐지 않고
사자는 썩은 고기 입에도 대지 않네
까마귀 분칠을 하고 백로 행세 하누나

옛날의 선비들은 혐의를 받게 되면
진부眞否를 불문하고 벼슬을 내려 놨다
지금은 등신짓하고 떠날 줄을 모르네

(이상 34수)

제5장

# 애민

愛民

## 내집에 화재가 난 듯
## 신속하게 구하라

십일 년 벼슬하고 십팔 년 유배 살며
백성을 사랑하고 나라를 걱정했다
다산의 우국애민은 일월처럼 빛나네

사회적 약자들을 보듬고 도우라고
관청과 목민관이 고을에 있는 거다
다산의 애민사상은 얼음장을 녹이네

노인과 기아棄兒들과 극빈자 상喪당한 자
병자와 재난 구제 대책을 상론했다
백성을 가족과 같이 사랑하라 하였네

조선의 수령들은 책무가 일곱 개다
농상성農桑盛 호구증戶口增과 학교흥學校興 군정수軍政修와
부역균賦役均 사송간詞訟簡에다 간활식奸猾息인 칠사七事다

수령의 하는 일이 일곱七事에 그칠 건가
상하上下가 칠사로만 명하고 받들으니
이외는 다시 힘쓸 것 없는 듯이 여긴다

아무리 인애仁愛하고 낙선樂善을 하는 이도
칠사七事에 급급하여 다른 일 못하누나
백성을 사랑하는 일愛民 첫 번째의 임무다

노인을 예우하는 양로예養老禮 폐지되어
백성의 효도실천 흥興하지 않는구나
수령은 양로의 예를 거행토록 하여라

재력이 부족하면 범위를 좁히거라
팔십세 이상 되는 어른을 초청하여
양로의 예를 행하면 경로효친 아닌가

양로예養老禮 자리에서 유용한 말씀 얻고
백성의 괴로움과 질병을 물어보아
행정에 반영을 하면 좋은 수령 되노라

때때로 노인들을 우대한 정책 펴면
백성들 경로행정 하는 것 좋아하네
노인을 공경하는 일 수령들의 임무다

어린이 사랑함은 선왕들 정사여서
역대로 임금들이 실천을 하였으니
정겹고 아름다운 일 성실하게 하거라

백성이 곤궁하면 자식을 낳더라도
양육을 못 하는데 기르게 타이르고
아이를 내 자식처럼 보호하고 돌보라

흉년엔 부모들이 자식을 내버린다
이들을 거둬주고 보살펴 길러주어
백성의 부모 노릇을 하는 것이 도리다

기근이 안 든 해에 아이를 버리면은
사람을 구하여서 거두어 길러줘라
관官에서 그 양식 등을 지원하고 도와라

성안의 개천에도 기아棄兒가 더러 있다
거의가 간음으로 태어난 아이인데
거두어 살 수 있도록 돕는 것이 도리다

가난한 홀아비鰥와 홀어미寡 고아孤들과
자식이 없는 이獨는 곤궁해 사궁四窮이다
이들은 자립 못하니 일어서게 돕거라

고을에 사궁들이 많지가 않을 거다
양식을 도와줘도 몇 섬에 불과하니
이들을 구휼하는 데 아낄 것이 있겠나

가난해 혼기 놓친 노총각 노처녀들
관官에서 주선하여 혼인을 시켜줘라
옹태雍泰, 明人는 이천여 명을 결혼시켜 주었네

혼인을 권장하는 정사는 중요하다
역대의 임금들이 남겨준 법인만큼
수령은 성심을 다해 준수해야 도리다

가난해 살기 힘든 홀아비 홀어미들
서로가 의지하게 인연을 맺어 줘라
합독合獨의 정책을 펴면 좋은 일이 아닌가

상喪 당한 사람에게 부역을 면제함은
옛적의 도리이니 따라야 하는 거다
전결을 할 수 있는 것 면제해야 맞도다

지극히 곤궁하고 극빈한 백성들이
죽어서 염습못해 구렁에 버릴 경우
관아는 돈을 주어서 매장토록 하거라

기근과 전염병에 사망자 속출하면
거두어 묻어 주고 비용을 도와 줘라
시체가 버려지는 일 있어서야 되겠나

황해도 곡산부사 시절1798에 정약용은
독감이 성행하여 사람이 죽어나자
관에서 장례비용을 지급하고 돌봤네

무오년정조 22, 1798 겨울철에 독감이 성행했다
그때 난 황해도의 곡산에 있었는데
죽은 자 거둬 매장을 시켜주는 일했다

아전이 이를 보고 이렇게 말하였다
“조정朝廷서 내려보낸 명령이 없었으니
매장을 해준다 해도 공이 없을 것이요”

내가 왈曰 “장차 영令이 내려올 것이다”
사망자 신원파악 명단을 작성했고
관에서 무연고자들 매장하여 주었네

한 달 후 조정에서 명령이 도착하니
감사監司의 장부 독촉 성화와 같았노라
이웃의 고을에서는 문책들을 받았네

하지만 나는 이미 정리한 문서들을
바치고 차분하게 아무 일 없었노라
아전들 즐거워하고 기뻐하며 웃었네

하나를 보면 열을 안다는 말이 있듯
다산은 이와 같은 훌륭한 수령이다
유능한 목민관이라 좋은 치척 빛나네

객지서 벼슬하던 사람이 운명하여
그 관이 내 고을을 지나게 되는 경우
수령은 운구를 돕고 비용까지 주거라

불구자 중환자는 신역身役을 면제하라
이러한 행정들을 관질寬疾로 부르노라
요즈음 목민관들은 잔인하고 독하네

시골의 아낙네가 젖먹이 안고 와서
"이 애가 불에 데어 손발을 못 쓰나니
배정된 선무군관選無軍官을 면제하여 주소서"

수령 왈 "허수아비 보다는 낫지 않냐"
하면서 들어주지 않으니 슬프도다
이러고 목민관이라 부를 수가 있겠나

불구자 중환자는 노역을 면해주고
장님과 절름발이 고자와 벙어리는
장부에 첨정簽丁하거나 일 시키면 안 되네

꼽추와 병든 이들 혼자서 살 수 없다
의탁할 곳도 없고 살 길이 암담한 자
이들이 살아갈 길을 마련토록 하거라

군졸이 병이 들고 추위와 굶주려서
곤경에 처했으면 의복과 음식 줘라
굶어서 죽는 일 없게 정성으로 도와라

염병이 유행하면 풍속이 꺼려 한다
보살펴 위무하고 치료를 해주어서
백성이 두려워하는 일이 없게 하거라

허적許積은 영의정을 세 차례 역임했다
염병자染病者 수용소서 환자들 살펴보고
사망자 매장하는 일 감독하고 살폈네

숙종 때 유혁연柳赫然은 두려움 없었기에
전가족 염병으로 몰사한 집에 가서
장군將軍의 신분인데도 몸소 염해 주었네

염병과 천연두 등 천재가 유행하면
당연히 관아에서 신속히 구조하라
이 또한 수령이 하는 어진 정사政事 하나다

좌승지 이기양李基讓이 문의文義의 현감 시절
염병이 유행하자 성산자 제조하여
보급해 살아난 이가 수를 셀 수 없었네

강진서 유배살 때 기근과 염병으로
백성들 죽어나자 성산자聖散子 처방전을
전하여 살려낸 이가 헤아릴 수 없었다

유행병 돌게 되면 사망자 많이 있다
구호와 치료하고 매장을 해준 이를
마땅히 포상받도록 청하여야 도리다

무오년1798 한겨울에 독감이 성행하여
사망한 자의 수가 셀 수가 없었노라
조정서 부자들 시켜 구호토록 하였네

환자를 치료하고 매장을 하게 하고
조정은 부자에게 삼품의 벼슬 주고
이품의 품계를 주어 포상한다 명했네

이 때다산 37세에 곡산부사 재직중 이었는데
왕명王命을 행한 이가 다섯 명 있었노라
마친 후 상부기관에 포상신청 하였네

감사監司는 "타 고을은 행한 자 없었는데
곡산만 포상신청 할 수가 없다" 하고
조정에 보고서조차 올리지를 않았네

곧바로 승정원에 보고서 띄웠노라
"차후엔 왕의 명을 불신할 것입니다
이것은 경연經筵 자리서 고해야만 합니다"

"안하면 내가 직접 상경해 고하겠소"
그러자 승정원이 왕에게 보고하니
임금정조이 크게 놀라서 포상 조치 하였네

황해도 관찰사는 이등二等을 감봉했고
환자들 구호하고 사망자 매장을 한
다섯 명 부자들에게 품계品階 내려 주었네

올곧은 목민관인 다산의 행적 읽고
뉘라서 훌륭하다 칭찬을 않겠는가
다산은 임금 권위도 드높여 준 신하다

재해와 액운들이 발생한 경우에는
물속에 빠진 사람 구하 듯 해야 한다
내집에 화재가 난 듯 신속하게 구하라

환란을 대비하여 대책을 수립하라
재앙 후 은혜들을 베푸는 것보다도
훌륭한 정책이므로 예방행정 하거라

제방을 구축하고 언덕을 만들어서
수재도 방지하고 수리水利도 일으키면
두 가지 이익을 얻는 좋은 방법 아닌가

내집이 열수洌水, 한강 가라 홍수가 날 때마다
집들이 둥둥 떠서 오는 것 많이 봤다
백성을 안착시키지 못한 결과 아닌가

재해가 물러가면 백성들 위무하고
안정을 시켜주고 복구를 지원하라
이 또한 목민관들이 행할 어진 정사다

노인과 기아들과 극빈자 구제하고
사자와 병든 자와 재난을 도와줘라
약자의 복지정책이 아름답지 않은가

다산은 백성들과 나라를 사랑했다
위대한 선명善鳴들은 시공을 초월하여
영원한 전범典範이 되니 계승발전 시키자

자신을 보호하 듯 국민을 보호하라
민초의 아픔들을 보듬고 사랑하면
추하게 방탄복 입고 두려움에 떨겠나

(이상 60수)

제6장

# 이전
## 吏典

## 관리는 백성으로써
## 논과 밭을 삼는다

천하의 진시황은 쉰 살에 저승 갔다
호해胡亥는 무능했고 관리는 부패해서
천하를 통일했으나 십오 년 후 망했네

오백 년 조선왕조 일본에 망했는데
임금도 무능했고 관리도 부패했다
특히나 탐관오리가 별과 같이 많았네

잡범과 범죄자와 삼류의 정치꾼이
완장을 찼다하여 나라를 흔드누나
이들이 바로 현대판 탐관오리 아닌가

관리가 공렴해야 나라가 발전하고
백성들 편안하게 살 수가 있는 거다
이전吏典은 관리의 길을 밝혀놓은 것이네

수령이 아전에게 단속을 하려거든
자신을 단속해서 바르게 처신해야
명령을 하지 않아도 일이 시행 되노라

자신의 몸가짐이 바르지 못하다면
명령을 하더라도 시행이 되겠는가
내 몸이 부정하고서 남을 바로 하겠나

다산은 유형지서 이렇게 증언했다
백성은 땅으로써 농토를 삼건마는
관리는 백성으로써 논과 밭을 삼는다

아전은 백성들의 피부를 벗겨내고
골수를 긁는 것을 농사로 여긴지라
모으고 거두는 일을 수확으로 여기네

이러한 습성들이 당연시 되었으니
아전을 단속 않고 치민을 하겠는가
허물이 없은 후에야 나무랄 수 있노라

수령의 소행들을 신복信服을 안 하는데
아전을 단속하면 명해도 시행 않고
금해도 그치지 않아 법도 서지 않노라

스스로 황음荒淫한 짓 하고서 말하기를
“아전의 습속들이 악하다” 하는 것은
도저히 통할 수 없는 논리인 것 모르나

예로써 바로잡고 은혜로 대한 후에
법으로 단속하되 능멸은 하지 마라
짓밟고 함부로 하며 부려서는 안 되네

고관이 너그럽지 않으면 되겠는가
어질고 관대해도 해이가 없다면은
정사를 그르치는 일 있을 수가 없노라

중종中宗 때 이세정李世靖은 학문이 드높아서
문하에 재상들을 배출한 인물이다
무능해 청양현감을 하다 파출 당했네

청렴은 하였으나 아전들 도둑질을
막지를 못했기에 파출이 된 것이다
아전도 단속 못하고 수령할 수 있겠나

간악한 범죄집단 수괴는 처벌한 후
감영의 밖에다가 비석을 세워놓고
이름을 비석에 새겨 영구퇴출 하거라

노환盧奐, 唐人이 지방관 때 치적이 훌륭했다
악인을 치죄하고 비석에 새겼으며
재범땐 사형명부에 대상자로 올렸네

재물을 좋아하면 아전이 영합하여
이익이 되는 일로 유혹을 하게 된다
유혹을 한 번 당하면 함께 죄에 빠지네

수령들 부임 초엔 선정을 하건마는
몇 달 후 아전들의 유혹에 빠져들어
소리도 내지 않으니 썩은 쥐도 웃노라

잘 알지 못하면서 다 아는 체하거나
요구에 응하기를 물처럼 하는 것은
수령이 아전 술수에 빠져드는 일이다

아전이 구걸하면 백성들 괴로우니
수령은 간악한 짓 못하게 단속하라
백성이 피해 입는 일 있어서는 안 되네

아전이 나쁜 짓을 하다가 쫓겨나면
마을로 다니면서 사기를 치게 된다
악행을 하지 못하게 처벌토록 하거라

아전의 횡포들이 심해진 원인 보자
조정의 권귀들이 뇌물을 받아먹고
감사와 목민관들도 축재한 것 배웠네

부하의 통솔법은 위신威信이 핵심이다
위엄威은 청렴해야 설 수가 있는 거고
믿음信은 성실해야만 생겨나는 것이다

청렴을 실천하고 언제나 성실하면
대중이 복종하고 따르게 될 것이다
어떻게 나쁜 짓 하고 따르기를 바라나

대체로 도둑 잡는 군관은 도둑이다
도둑과 내통하여 장물을 나눠 먹고
풀어줘 도둑질하는 방법 알려 주노라

치국을 하는 길은 용인에 달려 있다
고을이 작더라도 사람을 쓰는 일은
임금과 같다는 것을 잊어서는 안 된다

아첨을 잘하는 자 충성심 전혀 없고
바른말 잘하는 자 배반을 하지 않네
이들을 잘 살핀다면 실수할 일 없도다

원님인 현령들은 지위가 낮지마는
군왕의 도君道가 있어 아첨을 물리치니
간쟁諫爭을 받아들이지 않을 수가 있겠나

부잣집 자식들은 공부를 안 하고도
뇌물로 급제한 자 태반을 차지한다
인재의 등용 방법이 썩었으니 우습네

천하를 다스리는 원칙이 네 가지다
친족을 친애하고 어른을 대접하며
귀인과 어진 이들을 예우하는 것이네

수령의 주위에는 속이는 자 있으니
눈 귀는 밝게 보고 듣도록 해야 한다
제왕만 명달해야만 되는 것이 아니네

투서질 하게 하면 백성들 괴롭다네
발걸음 무거우며 눈치를 보게 하니
절대로 투서질 하지 못하도록 하거라

잘못이 있었으면 고쳐서 시행하고
민폐를 고해 오면 개혁을 해야 한다
사적인 원한 때문에 무고하니 살펴라

관리가 고발되면 곧바로 처리하고
증거가 없으면은 재조사 실시해야
아전들 두려워하여 나대지를 못한다

미세한 허물들은 용인해 덮어줘라
살살이 밝히는 것 현명한 일 아니니
가끔씩 귀신과 같이 적발하면 놀란다

아전과 백성들의 소소한 부정들을
밝혀내 총명한 척 잘난 척 하지 마라
천하의 박덕한 짓을 목민관이 할 건가

큰 사건 들춰내되 작은 것 지나쳐라
심연에 숨은 고기 살살이 찾아내고
가혹한 형벌을 하면 수령이라 하겠나

좌우에 가까이서 있는 자 하는 말을
그대로 신뢰하고 들으면 아니 된다
한담을 하는 척하나 사심 들어 있노라

아전이 하는 일도 공적을 평가하라
이들의 공에 대해 고과를 안 하면은
어떻게 백성들에게 권면할 수 있겠나

용인의 방법에는 오로지 권징이다
권면을 하지 않고 징계를 안 한다면
만민이 해이해지고 모든 일이 끝이네

백성을 착취하는 기술도 발전하여
수령은 여섯 방법 동원해 수탈하고
아전은 열두 가지로 쥐어짜고 있었네

다산은 유배지서 눈 뜨고 볼 수 없어
처방전 쓰고 나서 완치를 바랬었다
병이 든 조선왕조는 처방전을 버렸네

병들고 썩어빠진 나라를 구하려고
고난의 유배지서 선명善鳴을 하였건만
부란腐爛한 조선왕조는 읽을 힘도 없었다

(이상 44수)

제7장

# 호전

## 戶典

목민을 하는 길道은
고를 균均 한 자이다

다산은 목민관의 전범典範인 인물이다
황해도 곡산부사谷山府使 이 년간 재임하며
훌륭한 행정을 하여 십대十大 치적 남겼네

포척布尺을 바로잡아 협잡을 방지하고
물가를 안정시켜 고통을 제거했고
송아지 기르게 하여 농가소득 높였네

창곡倉穀의 문제점을 일시에 개선하고
호적과 경계經界 첨정簽丁 사무를 정리했고
세금인 호포戶布 남용을 바로 잡아 놓았네

의서인 마과회통麻科會通 저술해 홍역 잡고
청나라 사신 영접 업무를 수행하고
황해도 목민관들의 선과 악을 살폈네

도내道內의 의심스런 옥사獄事를 심리했다
십대十大의 치적들은 후일에 목민심서
그리고 흠흠신서欽欽新書의 주춧돌이 되었네

호전戶典엔 토지문제 세법과 환곡 문제
호적과 부역 문제 권농이 포함됐다
오늘날 재무행정을 자세하게 논했네

호전은 경제 비리 과감히 척결하여
백성들 삶의 수준 높이는 행정이다
경제가 붕괴 된다면 백성들이 살겠나

다산은 목민관의 쉰네 개 직무 중에
전정田政, 토지행정이 어렵다고 실토를 하였노라
잘못된 양전법量田法, 논밭 측량법들이 원인이라 하였네

제나라 성자고成子高가 이렇게 유언했다
죽어서 남들에게 해롭게 할 수 없다
농사를 지을 수 없는 땅을 택해 묻거라

사람들 너도나도 풍수에 현혹되어
평지에 묘를 써서 농지가 축소되니
사대부 묘역이라도 허락하지 않는다

논밭을 측량할 때 두 가지 원칙 있다
절대로 백성에게 해롭지 않게 하고
나라에 손해 안 나게 공평하게 하거라

다산은 자진해서 재산을 공개했다
"수전논이 칠십 두락 한전밭이 이십일경二十日耕
합하여 일결一結이지만 박토薄土다"고 하였네

다산은 십일 년간 벼슬을 하였으나
소유한 토지들이 간신히 일결이다
공렴公廉을 실천했기에 꺼릴 것이 없었네

묵정밭 개간하는 일들은 힘이 드니
백성에 의지하고 맡길 수 있겠는가
경작을 권장하면서 힘을 보태 주거라

다산은 유배지서 눈으로 직접 봤다
아전이 재해 당한 전답災結을 훔치는데
십결十結서 육십결까지 훔친 자도 있었네

납기일 지났다고 아전을 내보내서
독촉을 하는 것은 양들의 우리 속에
호랑이 보낸 것이니 절대 해선 안 되네

농부가 구분의 일 나라에 세금 내고九一之稅
너머지 곡식 팔을 먹도록食其餘八 해야 한다
다시 더 징수하는 일 있어서는 안 되네

환곡은 보릿고개 구제를 하는 건데
너무나 부패하여 백성들 죽어나고
나라를 망하게 하는 급박한 일 되었네

처음에 환곡제도 만들 때 깊은 뜻은
반절은 백성들을 살리기 위한 거고
반절은 나라를 위해 쓰기 위한 거였다

지금은 폐단 위에 폐단이 생겨나고
문란이 거듭되어 백성들 죽어나고
나라에 쓰이는 돈은 십분의 일 뿐이네

아문衙門서 열 개 중에 두 개를 가져가고
아전들 열 중에서 일곱을 가져가니
백성도 나라까지도 존재할 수 있겠나

백성이 춘궁기에 쌀 한 톨 못 봤는데
바치는 쌀과 조가 천만이 되는구나
이것은 늑탈이로다 세금이라 하겠나

수령은 농간질해 이익을 훔친다네
번질反作과 가분加分 허류許留 입본立本과 증고增估 가집加執
여섯 개 방법을 써서 귀신처럼 해먹네

허류許留란 장부에는 곡식이 있는데도
창고는 텅 비어서 한 섬도 없는 거다
열 중에 일곱 여덟이 모자람이 있노라

윗물이 흐렸는데 아랫물 맑겠는가
아전들 농간질이 열두 개 방법 있어
귀신이 곡할 정도라 살필 수가 없노라

아전은 번질反作 입본立本 가집加執과 암류暗留 반백半白

분석分石과 집신執新 탄정呑停 세전稅轉과 요합徭合 사혼私混

채륵債勒의 열두 가지로 농간질을 하노라

반백半白은 천하에서 억울한 것이로다

아전은 까닭 없이 한 섬을 훔쳐 먹고

백성은 곡식 한 섬을 물어내는 것이네

세전稅轉은 환곡還穀들을 세미稅米로 바꾸거나

세미를 환곡으로 바꾸는 수법이다

아전들 착취 수법은 흡혈귀와 같았네

이몸이다산 초당草堂에서 십년간 관찰했다

곡식을 받아지고 오는 것 못 봤는데

겨울에 오륙칠 섬을 관창에다 바쳤네

받은 적 없다면은 돌려줄 것이 없고

베푼 것 없으면은 갚는 것 없는 거다

어이해 환곡이라고 부르는지 우습네

목민을 하는 길道은 고를 균均 한 자이다
혜택을 균등하게 나누지 못한다면
차라리 고통을 고루 받게 해야 옳도다

나이를 속이는 자 가짜인 유생들과
관작을 사칭하고 홀아비 행세하고
과거에 합격했다고 속이는 자 벌하라

유생이 아닌데도 행세를 하는 자들
적리籍吏에 뇌물 주고 모칭冒稱을 하는구나
단속을 하지 않으면 아전들만 살찌네

이몸이다산 곡산부사 마치고 돌아올 때
백성이 "다른 일은 모두가 좋았는데
가짜인 선비 적발은 가혹했다" 말했네

부역의 공평함은 중요한 임무이다
고르지 못한 세금 징수는 안 되나니
저울의 한 눈금까지 공평하게 하거라

고을의 만 집 중에 구천 집 도피하고
홀아비 과부 병자 장애자 부역하네
부역이 불공평한 것 그냥 둘 수 없노라

교묘한 명목으로 수령의 주머니를
채우는 부정한 것 모두 다 삭제해서
백성들 세금 부담을 줄이도록 하거라

벼슬을 안 할 때는 말 한 필 종 하나로
호수와 산을 넘어 유람을 하더니만
지금은 외출할 때에 말 세 필이 나선다

권농勸農의 좋은 방법 세금을 덜어주고
부역을 감해주어 뿌리를 배양해야
토지가 개간이 되고 넓혀지게 되노라

권농은 곡식 심고 가꾸는 것 이외에
조림造林과 목축들과 양잠과 길쌈까지
성실히 권장을 해서 삶의 질을 높여라

농사는 먹는 것의 근본이 되는 거고
양잠은 입는 것의 근본이 되는 거다
백성들 뽕나무 심게 권장토록 하여라

청백리 이원익이 안주安州의 목사 시절
뽕나무 심게 해서 소득을 높여 줬다
"이공의 뽕나무李公桑"라고 사람들이 부르네

수령은 농기계와 베틀을 제작하여
편하게 이용해서 소득을 올려 줘라
권농은 목민관들이 힘써야 할 일이네

농사는 소의 힘을 이용해 짓는 거라
도살을 경계하고 목축을 권장하라
율곡栗谷은 평생 소고기 안 먹었다 하누나

다산은 목민관을 이 년간 역임해서
수령과 아전들의 생리에 통탈했다
제시한 개선책들은 금과옥조 아닌가

유배지 초당에서 집필한 목민심서

어느덧 이백칠 년 지나고 있건마는

다산의 공렴公廉사상은 책속에만 있는가

(이상 46수)

제8장

# 예전

禮典

## 깨죽을 먹여 키운 소 잡아 대접하니

태초에 예禮를 만든 분들은 성인이다
예의를 지켜야만 인륜이 바로 서고
인도의 아름다움을 지킬 수가 있노라

백성들 교육하는 내용이 예전인데
예의가 바로 서야 인륜이 바로 선다
다산은 목민관들을 교육자라 하였네

공자의 위패 모신 문묘의 제사에는
마땅히 목민관이 경건히 봉행하여
고을의 선비들에게 본보기가 되거라

서원은 옛날에는 학문의 장소이지
옛사람 제사하는 사당이 아니었다
다시는 학교로서의 옛 모습은 없노라

마음에 옛 현인들 공적에 공감하면
유적지 답사해서 사실을 밝혀내라
이것도 어진 수령이 힘써야 할 일이네

고을서 요괴에게 제사를 지낸다면
선비와 백성들을 마땅히 일깨워서
사당을 철거하도록 도모해야 옳도다

우탁禹卓이 영해부寧海府의 사록司錄이 되었는데
백성들 팔령신八鈴神에 제사를 지내었다
사당을 헐어버리고 바다에다 던졌네

고려의 김연수金延壽가 청풍淸風에 부임하니
목우木偶를 떠받들어 제사를 지냈었다
목우를 태워버리자 제사 풍습 끊겼네

일식과 월식 때에 행하는 의식에서
마땅히 위엄있고 엄숙히 해야 한다
함부로 아무렇게나 거행하면 안 되네

감사의 관내 순행 천하의 폐단이다
개혁을 안 한다면 부역이 무거워서
백성들 모두 못살게 될 것이니 없애라

감사의 순력巡歷으로 어부는 고기 잃고
농부는 닭을 잃어 고통이 극심하다
순력을 안 고치면은 백성 구제 못하네

깨죽을 먹여 키운 소 잡아 대접하니
감사가 칭찬하고 고과에 최고 줬다
슬프다 수령 노릇을 하는 것도 어렵네

옛날의 목민관은 상관을 대접함에
예법에 어긋남이 조금도 없었노라
이토록 좋은 행적이 책에 실려 있다네

목민관 하는 일은 백성의 교육이다
전산田産과 부역賦役들을 고르게 하는 것도
범죄를 벌주는 것도 교육하는 것이네

효자와 좋은 행실 있는 자 포상하고
불효자 악독한 자 뿌리를 뽑아내면
백성들 풍속교화에 큰 도움이 되노라

고인古人의 아름다운 언행을 교육하라
백성들 눈과 귀에 익숙케 한다면은
교화가 이루어져서 좋은 고을 될 거다

교육을 하지 않고 형벌을 하는 것은
백성을 기만하는 행위가 되는 거다
흉악한 불효자라도 교육부터 하거라

조선의 박세량朴世樑이 신창新昌의 현감 시절
불효자 교육시켜 효자로 만들었다
선교육先敎育 후형벌론後刑罰論인 교육철학 빛나네

형제가 불화하여 소송을 일삼으며
부끄럼 없는 자도 이 또한 가르쳐라
함부로 죽이지 말고 교육부터 하거라

구석에 있는 곳과 변방의 지역에는
임금의 교화들이 미치기 어려우니
예속禮俗을 실천하도록 권장해야 도리네

기건奇虔이 제주목사 부임을 하고 보니
부모가 운명해도 구렁에 내버렸다
기건이 장례 절차를 교육해서 묻었네

하루는 삼백여 명 꿈속에 나타나서
시신을 묻게 해준 은혜에 감사했다
제주도 매장풍속은 기건 때에 생겼네

설신薛愼, 北朝이 오랑캐의 풍속을 바로 잡아
연로한 부모님을 모시고 살게 했다
효도와 자애하도록 교육하니 변했네

효자와 열녀들과 충신과 절사節士들의
공적을 발굴하여 표창을 하는 것도
당연히 목민관들이 해야 할 일 하나다

영조 때 이수이李壽頤가 금천衿川의 현감 시절
노량진 사육신의 묘소를 보살피고
비석을 새로 세웠고 묘지기를 두었네

숙종 때 조세환趙世煥이 동래東萊의 부사 시절
가난해 임금께서 금삼십金三十을 하사하자
이 돈을 송상현宋象賢 사당 수리비로 다 썼네

임란 때 송상현과 동래성 지키다가
순절한 관노官奴 석매石邁 자손도 속량贖良했다
임금이 하사한 돈을 충신 위해 썼도다

과격한 행동이나 편협한 의리들을
숭상과 장려하는 유폐는 단속하라
그래야 의리가 정精한 것이 될 수 있도다

부모를 위한다고 손가락 자르거나
허벅지 살 베는 것 이른바 단지규고斷指刲股
효자인 순임금 증자曾子 실천한 적 없노라

왕상王祥의 효성으로 감동한 쌍리약빙雙鯉躍氷
맹종孟宗이 모친 병을 낫게 한 동일생순冬日生笋
왕부王裒의 읍혈백고泣血柏枯는 기적 같은 일이다

천년에 한 번 있는 기적이 분명한데
이런 일 있었다고 첩문牒文에 나오누나
허위는 큰 죄악이니 위조문서 살펴라

옛날엔 학교에서 예악禮樂을 가르쳤다
지금은 예와 악이 모두가 무너져서
학교의 교육에서는 독서만이 남았네

공자의 문하에서 사람을 교육할 때
악기를 연주絃하고 노래歌를 하였노라
이른바 실기 위주로 수업 진행 하였네

자로子路가 거문고를 연주한 적이 있다
승당升堂과 입실入室이니 하는 말 있었는데
당상堂上의 악樂을 뜻하고 방중房中 악樂인 것이네

백어伯魚가 주남周南 소남召南 공부를 하였을 때
이 둘을 노래歌하고 연주絃를 하였노라
그 시를 읽기만 하고 뜻만 안 것 아니네

악기를 연주絃하고 노래歌를 해야는데
이것이 끊겼으니 효우孝友를 실천하라
다산이 예악교육을 중시한 것 알겠네

공부는 스승에게 배우는 것이로다
스승이 있은 후에 배움이 있게 되니
학덕이 높은 사람을 초빙해야 맞도다

학교의 건물들이 낡으면 수리하고
재정을 관리하며 서적을 비치하라
이것도 목민관들이 힘써야 할 일이다

재장齋長, 교장은 단아하고 방정한 이를 뽑아
학생의 모범으로 삼도록 해야 한다
예로써 대우를 하고 염치들을 길러라

구월엔 노인 위한 양로養老의 예를 하고
시월엔 어른 위한 향음鄕飮의 예를 하고
이월엔 고아들 위한 향고饗孤예를 행하라

나라를 위해 죽은 충신의 자손들을
살살이 찾아내어 구휼을 해야 한다
공적이 비록 작아도 후손들을 돕거라

국가의 통치에는 대의大義가 넷이 있다
친족을 친애하며 귀한 자 대우하며
어른과 어진 이들을 대우하는 것이네

친족을 친애하면 어짐仁이 되는 거고
귀인은 의義가 되고 어른은 예禮가 되며
어진이 잘 대접하는 것이 바로 지知이다

세력이 있는 자가 백성의 땅을 뺏고
민간의 부녀자를 강간을 하는 경우
엄하게 처벌을 하여 재발 없게 하거라

과거科擧의 공부하면 마음이 파괴된다
관리를 등용하는 과거법 안 고치니
수령은 공부하라고 권면해야 도리다

과거의 제도들이 법도가 없는지라
한 집에 삼천 전의 비용이 들어간다
백성이 과도한 돈을 견딜 수가 있겠나

문체文體가 격이 낮고 천하게 변하였다
구법句法은 경박하고 어긋나 한심하고
편법篇法은 단촉短促하나니 올바르게 잡이라

중국의 십칠성十七省과 유구流求와 안남安南들은
표문表文에 한결같이 운율을 맞추었다
조선의 표문은 발굽蹄 글자만을 맞췄네

중국은 착한 것은 예쁘게 여기면서
운율이 안 맞는 것 속으로 웃을 거다
이것이 부끄러운 일 아니라고 하겠나

신라 때 최치원의 황소격黃巢檄 사산비명四山碑銘
고려의 불가문자佛家文字 조선초 표전문表箋文도
운율을 맞추었는데 지금 하지 않누나

문장의 풍격들이 저속해 볼 수 없다
이항복李恒福 이덕형李德馨과 그리고 김창흡金昌翕과
이재李縡의 이름난 작품 본보기가 되노라

총명한 학생 따로 선발해 교육하라
임기가 끝났을 때 영재를 데리고 와
큰 인물 되게 키워서 나라에다 바쳐라

과예課藝를 권장하여 과거에 합격자가
잇달아 배출되면 문명한 고을 된다
이 또한 목민관들의 영광스런 일이다

과격한 효행 금지 선교육 후형벌론
예악의 교육 중시 수재의 특별교육
이것을 목민관들이 실천하길 원했네

예의가 무너지면 인륜도 무너진다
삭막한 유배지서 교육을 살리려고
선명善鳴한 교육사상이 아름답고 빛나네

서러운 유배지서 자아의 아픔보다

나라와 백성 위해 선명을 하였노라

구슬이 서 말이라도 꿰어야만 보배다

(이상 56수)

제9장

# 병전

## 兵典

오히려 백골징포를
좋아했고 원했다

다산이 살던 나라 조선은 부패했다
세상에 신생아에 징세한 황구첨정
백골에 세금을 물린 백골징포 있었네

절구와 강아지를 군적에 올려놓고
세금을 사람처럼 받아낸 나라였다
다산은 참을 수 없어 목민심서 썼노라

국방이 튼튼해야 나라가 태평하고
백성들 안심하고 생업에 종사하네
훌륭한 목민관들은 병무행정 잘했다

첨정에 군포 징수 양연梁淵이 시작하니
폐단이 크고 넓어 백성들 뼈를 깎네
이 법을 개정 안 하면 모든 백성 죽노라

군포는 이름까지 자체가 옳지 않다
군대에 안 가는 자 재물을 내는 거고
군대에 나가는 자는 목숨 주는 것이네

앞으로 군대 가서 목숨을 바칠 텐데
나라서 부당하게 세금을 내라 한다
세상에 이런 이치가 있을 수가 있는가

아기가 태어나면 병적에 올려놓아
부모들 집집마다 눈물을 흘리나니
나라에 법이 없음이 이 지경이 되었네

뱃속의 아이까지 군안에 올려놓고
딸들을 아들이라 바꾸는 짓을 하고
강아지 이름까지도 군안에다 올렸네

사람의 이름이나 대상은 진짜 개다
절구의 이름에다 관첩官帖을 발급하니
사람의 이름이지만 이는 진짜 절구네

법大典會通에는 사부자四父子는 한 사람 면역이다
지금은 몸뚱이만 있으면 팔부자가
군역을 지게 됐지만 감히 원망 못하네

법萬機要覽에는 황구첨정 거두면 죄 주는데
신생아 삼일 만에 병적에 올랐어도
백성은 감히 항의도 원망할 수 없노라

법大典會通에는 백골징포 거두면 죄 주는데
백성들 백골징포 원하고 좋아했다
세상에 백골징포를 원한 이유 있노라

아버지 사망신고 하려면 물고채物故債와
부표채付標債 사정채査正債와 도안채都案債 내야 하니
거금이 들어가기에 백골징포 원했네

아버지 사망신고 백 냥이 든다면은
반면에 백골징포 세금은 두 냥이다
그래서 백골징포를 좋아했고 원했네

군포를 내는 것은 종래와 같은데도
부당한 네 개 세금 착취를 하는지라
오히려 백골징포를 좋아했고 원했네

다산이 암행어사33세, 1794 되어서 적성현 연천 가서
참상을 목격하고 쓴 시奉旨廉察到積城村舍作가 눈물 난다
이 시가 목민심서의 첨정簽丁조에 있노라

시냇가 부서진 집 뚝배기 흡사한데
북풍에 이엉 걷혀 서까래 앙상하네
묵은 재 눈에 덮여서 아궁이는 차구나

체처럼 뚫린 벽에 별빛이 쏟아진다
집안에 있는 물건 쓸모가 별로 없어
모조리 다 팔더라도 칠팔 푼이 안 되네

삽살개 꼬리 같은 조 이삭 세 줄기와
닭 창자 같은 마른 고추가 놓여 있다
깨어진 항아리 구멍 헝겊으로 발랐네

부서진 시렁대庋를 끈으로 묶어 놨네
놋수저 오래전에 이정里正이 뺏어가고
가마솥 옆집 부자가 가져간 지 오래다

떨어진 무명 이불 한 채만 놓여 있어
부부가 유별한데 가당치 않는구나
어린것 입은 적삼에 어깨 팔뚝 나왔네

태어나 바지 버선 구경도 못했다네
큰놈은 다섯 살로 기병騎兵에 등록되고
작은놈 세 살인데도 군적에다 올랐네

두 아들 세금으로 오백 전 물었노라
죽기를 바라는데 뭐하려 옷 해주나
세 마리 강아지들이 애들 옆에 잠자네

밤마다 호랑이가 울 밖에 울어대네
남편은 산에 가고 아내는 품 팔러 가
낮에도 사립문 닫혀 그 모습이 슬프다

아침과 점심 굶고 밤에 와 밥을 짓네
여름에 솜 누더기 겨울엔 삼베 적삼
냉이를 캐려고 하나 땅이 얼어 못하네

이웃집 술 익어야 지게미 얻어 먹네
지난봄 꾸어 먹은 환곡이 닷 말이라
금년은 정말 살길이 막막하여 서럽네

나졸들 집에 올까 두렵고 겁이 날 뿐
곤장을 맞을 일은 걱정을 하지 않네
슬프다 이런 집들이 온 천지에 많도다

궁궐은 깊고 깊어 살필 수 있겠는가
한漢나라 직지사자 벼슬이 드높아서
이천 석 받는 관리도 잘못하면 죽였네

부패와 못된 근원 많아서 손도 못대
공수龔遂와 황패黃霸 와도 구제가 어렵노라
정협鄭俠의 유민도流民圖처럼 참상 기록 하노라

시 지어 대궐 가서 임금께 올리련다이상 詩
이때가 정조대왕 십팔년1794 겨울이다
슬프다 정조 때에도 황구첨정 있었네

이어서 애절양哀絶陽도 수록을 하였는데
강진에 유배된 지 삼년1803에 쓴 시이다
시를 쓴 사연을 보면 너무나도 서럽네

계해년1803 가을 내가茶山 강진서 지었노라
노전蘆田의 한 백성이 아기를 낳았는데
세상에 삼일이 되니 군보軍保 편입 되누나

이정里正이 군포 대신 소 끌고 가버렸다
백성이 칼을 뽑아 남근을 자르면서
이 물건 때문에 소를 빼앗겼다 말했네

아내가 피가 뚝뚝 흘리는 남근 들고
울면서 호소하니 관청서 막았노라
이야기 내가 듣고서 애절양을 지었네

수령이 구휼 않고 관례만 따랐기에
백성이 악에 받쳐 변고를 일으켰다
참으로 불행한 일로 두려워할 일이네

다산의 애절양의 전문을 읽어보자

노전의 젊은 부인 목놓아 통곡하네
관청을 향해서 울다 하늘 보고 울도다

군대 간 남편 혹시 못 올 수 있지마는
스스로 남근 자른 말 듣지 못했노라
시아비 상복을 입고 갓난아기 있노라

시아비 남편 아기 삼대가 세금 나와
관청에 호소하니 문지기 막았다네
이정이 호통을 치며 소를 몰고 갔노라

칼 갈아 남근 꺼내 자르니 피가 가득
아기를 낳았기에 소 뺏긴 일 당했네
잠실서 궁형한 것이 죄가 있어 한 건가

민閩에선 환관하려 거세한 일 슬퍼라
아들딸 낳고 사는 이치는 천부天賦라서
천도天道는 아들을 낳고 곤도坤道에는 딸이다

말 돼지 거세함도 슬픈 일 아니더냐
백성이 자식 생산 못하니 슬프도다
세도가勢道家 일년 간 매일 풍악 울려 즐기네

저들은 쌀 한 톨도 세금을 안 내누나
다 같은 백성인데 공평치 못한 세상
유배객 시경 시구편鳲鳩篇 거듭거듭 읊노라이상 詩

백성은 억울하고 억장이 무너져도
부패한 공권력에 저항은 하지 않고
남근을 잘라버리는 자학으로 맞섰네

지옥이 따로 있나 생지옥 여기 있다
강진의 유배객은 눈물로 먹 갈아서
만고의 애절양 쓰니 우국애민 빛나네

다산이 유배지서 애절양 시 쓸 때에
임금은 열네 살의 소년인 순조純祖였다
아버지 정조 시절과 다를 것이 없었네

아버지 정조 때도 아들인 순조 때도
다산이 어사 때도 귀양을 살 때에도
백성들 황구첨정과 백골징포 당했네

군적을 정리할 때 계방契房을 혁파하고
서원書院과 역촌驛村 호호豪戶, 토호 대묘大墓 등 조사하라
병역을 도피 하려는 소굴들을 정리해야 옳도다

군포를 거두는 날 아전이 받지 말고
수령이 직접 받아 비용을 줄여 줘라
아전이 받게 되면은 비용 갑절 든다네

족보를 위조하고 직첩을 몰래 사서
첨정을 면하려고 부정을 하는 자들
징벌을 엄하게 하지 않을 수가 없노라

첨정은 백성들의 고통과 독소라서
면하려 죄를 짓지 않은 자 없었노라
더럽고 교활한 자가 유도하고 있다네

귀족의 보계譜系 훔쳐 후손이 없는 곳에
씨족을 접속시켜 부조父祖를 바꾼다네
비단에 골풀자리를 이어 놓은 격이다

경순왕敬順王 후예이고 안유安裕의 직손이다
심지어 거짓으로 왕족의 계보 대어
세상에 효령대군孝寧大君이 구대조九代祖라 한다네

식량이 풍족하고 병사가 만족해야
백성들 평안하고 군사들 외적 막네
군사를 훈련하는 것 나라 위한 일이다

군대서 수탈하는 행위가 있을 경우
군율이 지엄하니 법대로 다스려서
폐단이 생기지 않게 자세하게 살펴라

병기는 백년 동안 사용을 않더라도
하루도 준비하지 않을 수 없는 거다
병기를 정비하는 일 목민관의 직무다

괘서掛書나 투서들은 불태워 버리거라
무고한 흉악범을 염탐해 잡아다가
무고한 내용에 따라 반좌율反坐律, 同態復讐法로 벌하라

관장官長을 죽이려는 음모가 있으면은
잡아서 죽이거나 조용히 진압하라
기미를 밝혀낸 후에 간사한 짓 꺾어라

병화兵火가 안 미친 곳 백성을 편케 하고
인재를 양성하고 농사를 권장해서
수령은 군비 조달을 넉넉하게 하거라

조선은 썩을 대로 썩은 나라였다
남들은 두려워서 말하지 못했지만
다산은 목민심서에 정론직필 하였네

삼정의 문란 알려 국사책 읽지 마라
다산의 목민심서 읽으면 알 수 있다
민초들 고난 보듬은 다산 정신 빛나네

(이상 60수)

제10장

# 형전

刑典

## 부모 집 오듯이 해야
## 어진 수령 아닌가

하늘이 사람들을 살리고 죽이노라
인명은 하늘에게 매여져 있는지라
선인善人은 편하게 살고 죄인들은 죽이네

수령이 살려야 할 사람은 죽이면서
죽여야 할 사람을 살리는 짓을 하고
오히려 뻔뻔하게도 편안하게 여기네

부정한 방법으로 재물을 취득하고
백성의 절규하는 소리를 듣고서도
구휼할 줄을 모르니 큰 죄악이 되노라흠흠심서, 서문

태초엔 예만 있고 법률은 없었기에
옛날의 선왕들은 예로써 다스렸다
예의가 쇠퇴해지자 법이 생긴 것이다

천리天理를 헤아려서 보아도 합당하고
사람에 시행해도 화합한 것이 예다
백성이 두려워하고 떠는 것은 법이네경세유표 서문

청송聽訟은 재판하려 소송을 듣는 거다
청송의 본바탕은 성의誠意에 있는 거고
성의의 근본으로는 신독愼獨함이 있노라

성인은 신독하고 성의를 간직하여
백성이 거짓말을 못하게 되는 거다
이 둘은 백성교화에 큰 효험이 있노라

자신의 몸가짐을 바르게 처신하고
훈계로 가르치고 억울함 풀어주면
송사를 하는 일들이 없어지게 되노라

송사는 하나하나 따져서 해야 한다
사송詞訟을 줄이려고 판결이 늦어지니
판결을 내린 후에는 재론하는 일 없네

막히고 가려지면 민정民情이 답답하다
백성들 달려와서 호소를 하는 것을
부모집 오듯이 해야 어진 수령 아닌가

범죄의 유무 경중 판단을 할 때에는
바르게 처리하고 신중히 살피거라
사람의 죽음과 삶이 내 결정에 달렸네

남들을 무고하여 옥사를 벌린 자를
용서해 주지 말고 엄하게 다스려라
반좌율反坐律, 同態復讐法 적용을 해서 처벌하면 되노라

대소의 옥사 판결 시한이 있는 거다
재판을 지연시켜 세월이 흘러가서
죄인이 늙어 죽으면 법이라고 하겠나

수령이 집행하는 형벌의 범위에는
볼기를 치는 태笞가 오십 대 이내이다
그 이상 넘는 형벌은 남형濫刑이니 안 된다

형벌로 다스림은 최하의 수단이다
자신을 단속하고 법률을 잘 지키면
백성이 범법을 않고 모두 따를 것이네

부녀婦女가 지은 죄가 큰 것이 아니라면
형벌을 결행하지 않아야 옳은 거다
부녀에 볼기치는 것 치욕스런 일이네

노인과 어린이는 고문을 못하도록
법률에 명문화가 된 것이 오래됐다
세종이 즉위 십이 년1430 하교하신 것 보자

“감옥에 갇힌 것과 채찍의 아픔들은
사람이 한결같이 괴롭게 여기지만
그 중에 더욱 불쌍한 사람들이 있노라”

“곧바로 열다섯 살 이하의 아이들과
칠십 세 넘은 살인 강도를 제외하고
구속을 시키는 것을 허락하지 않노라”

“팔십 세 넘고 열 살 이하인 경우에는
죽을 죄 범했어도 구속과 고문 않고
사람을 불러 증거케 하도록 할 것이네”

감옥은 이승 속의 지옥과 같은 만큼
수령은 죄수들의 고통을 보살펴라
감옥서 겪는 고통은 다 말할 수 없노라

형틀과 토색討索질과 질병의 고통 있고
추위와 배고픔과 장기간 갇힌 고통
다섯 개 고통당하니 견딜 수가 있겠나

사형을 당할 자와 경범죄 지은 자도
모함을 당한 자도 똑같은 고통 받네
백성의 수령이 어찌 살펴보지 않으랴

감옥서 죄수들이 토색을 당하는 것
아무도 알 수 없는 원통한 일이로다
이러한 일이 없도록 현명하게 살펴라

감옥에 새 죄수가 방으로 들어오면
포악한 형벌들을 누구나 겪게 된다
죄수가 문을 넘으면 유문례踰門禮가 있노라

방으로 들어오면 지면례知面禮 기다리고
목에 쓴 칼 벗으면 환골례幻骨禮 해야 하고
여러 날 경과를 하면 면신례免新禮가 있노라

음식과 옷이 오면 그것을 뺏어가고
깔개도 값을 내고 등유와 땔감까지
추렴을 당하였으니 고통들이 심하다

괴롭고 혹독한 것 모두 다 쓸 수 없다
이러한 모진 폐단 없애는 방법 있네
사람을 감옥 안에다 안 가두면 되노라

죄수들 아픔까지 가슴에 보듬으니
사람에 대한 사랑 별처럼 빛이 나네
다산의 목민심서는 인간애의 보고다

장기간 집을 떠나 감옥에 갇혀 있어
자녀를 낳는 것이 끊기게 된 자에게
소원을 받아들여서 아기 갖게 하거라

포욱鮑昱, 後漢人이 자양령 때 사형수 조견趙堅에게
아내를 불러다가 동침을 하게 했다
드디어 옥동자 낳아 대를 잇게 되었네

수령은 장기수가 절손이 안 되도록
부인과 합방하게 선처를 하라고 한
다산의 인도주의가 얼음까지 녹이네

유배된 사람들은 집 떠나 살고 있어
정상이 측은하고 슬프며 애처롭다
집 주고 곡식을 주어 편히 살게 하거라

지은 죄 사형감이 아니라 유배되니
능멸을 한다거나 핍박을 하는 것은
절대로 어진 사람이 하는 일이 아니다

유배의 종류에는 네 개의 등급 있다
첫째는 공경대부 안치安置를 하는 유배
둘째는 죄인 친족을 연좌緣坐시킨 것이네

셋째는 탐관오리 도류徒流를 시키는 것
넷째는 천류賤流들과 잡범의 유배이다
정승도 유배객 되면 심한 모욕 받는다

번복될 가망 있는 경우는 덜 하지만
외롭고 변변찮아 앞길이 캄캄하면
모욕과 학대받는 것 다 말할 수 없노라

나다산의 시 고시이십 칠수古詩二十七首에 노래했다
"조금만 궁하면은 불쌍히 여기지만小窮有友隣
너무나 궁하게 되면 동정하는 이 없네大窮無人恤"

연좌를 하는 법은 후세에 생겼는데
삼족을 멸살하는 법에서 나온 거다
가족을 죽이지 않고 유배 보낸 것이네

처녀로 귀양을 와 백발이 이마 덮고
머리를 땋은 채로 환갑이 된 이 있다
정조를 모욕당하면 목을 매고 죽었네

이몸이다산 곡산부사 시절에 한 일이다
기와집 한 채 사서 유배 온 사람들이
모여서 살도록 하고 양식들을 주었네

횡포와 난동질을 못하게 금하는 것
백성을 편안하게 하려는 것이로다
호강豪强과 귀근貴近들 쳐서 눌러야 할 것이네

호강은 귀척 권문 금군禁軍과 내신內臣 토호
간리奸吏와 유협游俠으로 일곱 개 족속이다
이들을 제압해야만 백성들이 편하네

임금을 경호하는 금군禁軍이 날뛰거나
내관이 총애 믿고 방자한 짓을 하면
권력을 빙자하는 일 금하도록 하거라

토호土豪의 무단武斷적인 행동은 백성에겐
승냥이 호랑이와 같으니 제거하여
백성을 살려내야만 목민관인 것이다

세력이 강한 자豪强의 횡포가 너무 심해
힘없는 백성들을 병들게 하고 있다
방법이 너무도 많아 열거할 수 없도다

백성의 해독들을 수령은 제거하라
해독은 도적들과 귀신과 호랑이니
이 셋을 없애버려야 근심들이 없노라

도적이 생기는 것 세 가지 이유 있다
위에서 행실들을 단정히 하지 않고
중간서 임금의 명을 실천하지 않는다

아래서 국법들을 두려워 안 하면은
아무리 도적들은 없애려 노력해도
절대로 도적놈들을 제거할 수 없노라

간호奸豪한 자들 모여 악행을 자행하고
고치지 않는다면 강하게 처단하여
백성을 편안하도록 하는 것이 임무다

강자가 약자들을 못살게 하는 세상
강자를 억누르고 약자를 보호하라
다산의 억강부약抑强扶弱은 지켜야 할 과제다

간사한 도적들은 상여로 위장하여
물건을 운반하는 술수를 쓰고 있다
도둑의 거짓 초상을 염탐해서 잡아라

잘못해 평민들이 억지로 도둑 되니
누명을 벗기고서 양민이 되게 하면
훌륭한 목민관이라 말할 수가 있노라

이 몸이다산 곡산谷山부사 있을 때 일이로다
감사監司, 관찰사가 급히 공문 보내어 말하기를
"금천군金川郡 깊은 산속에 떼도둑이群盜 있노라"

"사오십 모였는데 백마 탄 장수 있어
토산현兎山縣 쳐들어와 군교軍校를 묶어 가서
군교를 도적들 의청義廳 앞에 데려 갔노라"

"군교를 설득하여 되돌려 보내놓고
다음날 토산현의 관아를 습격하자
군교와 병졸 동원해 소탕하라" 하였네

공문이 오자 모두 공포에 떨었도다
내가 왈曰 "가만히들 있어라" 하고서는
섬약한 군교 중에서 한 사람을 불렀네

"오랏줄 놔두고서 수령의 통첩 갖고
도둑들 소굴 가서 통첩을 전해 줘라
그리고 두목급 세 명 데려오라 하였네"

군교가 눈물만을 흘리고 있었기에
내가 왈曰 "네가 금천 땅에 가 할 일 있다
길거리 말 들어보면 마음 놓게 될 거다"

"도적의 소굴으로 가는 것 두려우면
넌 그냥 돌아와라" 말하니 떠나갔다
이튿날 두목급 세 명 데리고서 왔노라

이들을 살펴보니 모두가 양민이다
토산현 군교들이 무고를 했던 거다
홍병덕洪秉德 금천군수가 나를 보고 말했네

“금천의 백성들이 힘입어 살아났다”
다산의 판단력과 지혜의 일반一斑에서
훌륭한 목민관임을 모두 알 수 있노라

부처나 귀신에게 가탁해 요언으로
민중을 현혹시킨 자들은 제거하라
수령은 혹세무민한 못된 자들 벌하라

다산의 예와 법이 일치한 예법일치禮法一致
장기수 대를 잇게 하라는 인도주의人道主義
그리고 억강부약은 지켜야할 가치다

법이란 백성들을 위해서 만든 거고
백성들 위하라고 목민관 있는 거다
강자는 교묘하게도 범망 피해 나대네

다산이 살던 때나 지금의 세상이나
어둠의 세력들이 나대며 깨춤 춘다
어둠을 청소하려면 목민심서 읽어라

(이상 66수)

# 제11장

# 공전

## 工典

## 조선판 새마을운동
## 설계한 공 빛나네

다산의 학문 세계 호한해 끝이 없다
정조의 수원화성 건설에 공헌하여
조선의 건축사에도 큰 업적을 남겼네

과거에 급제한 지 삼 년차 되던 해에31세, 1792
수원성 설계하고 사 년 후 준공했다35세, 1786
국고를 사만 냥이나 절약한 공 크도다

다산이 거중기를 발명해 사용했다
이인二人이 사십 근의 힘으로 작동하면
놀랍게 이만 오천 근 무거운 것 들었네

발상의 전환으로 건축사 새로 써서
수원성 세계 문화 유산에 등록됐다
공전工典에 담긴 내용도 백성 위한 것이네

산림山林은 나라에다 바치는 공물들과
세금의 소출처所出處니 관리를 잘하거라
옛날의 어진 임금도 소중하게 여겼네

소나무 재배하고 관리를 하는 것이
국법인 경국대전 책 속에 실려 있네
벌목을 하지 않으면 심을 필요 있겠나

산림山林이 탐관오리 농간에 훼손되자
다산은 승발송행僧拔松行 시 써서 고발했다
이 시가 목민심서에 수록되어 있노라

강진 땅 백련사의 서쪽에 석름봉을
분주히 다니면서 솔 뽑는 스님 있네
어린 솔松 땅에서 솟아 두어 치寸가 자랐네

아기 솔 연한 줄기 솔잎이 무성한데
어린애 다루듯이 조심히 가꾸어야
자라서 구불구불한 용과 같이 되리라

어이해 보이는 것 모두 다 뽑아버려
종자도 안 남기고 없애려 하고 있나
농부가 호미로 매고 가래 쓰듯 하는가

곡식을 위하느라 잡초를 뽑듯 하나
향정鄕亭의 아전들이 관도를 닦으면서
사람이 잘 다니도록 덤불 치듯 하는가

어쩌면 손숙오孫叔敖, 楚人가 음덕을 쌓으려고
길에서 만난 독사 죽이듯 하고 있나
마귀가 용을 쓰고서 산발한 듯 하누나

떠들며 구천 그루 뽑듯이 하는가
스님을 불러 놓고 그 뜻을 물었더니
목메어 말을 못하고 눈물만을 흘리네

옛날에 이 산에서 애써서 솔 키우려
승려와 비구 모두 약속을 잘 지키며
땔나무 아끼느라고 찬밥 먹고 살았소

새벽종 울 때까지 산 돌며 살폈기에
읍내의 나무꾼들 얼씬도 못 했는데
마을의 사람 도끼가 범할 수가 있겠소

수영水營의 졸개들이 장군의 명령 듣고
세상에 땅벌 같은 기세로 달려와서
바람에 꺾인 나무를 잡고 시비 걸었소

중놈이 범법犯法했다 가슴을 쥐어박아
하늘에 호소하나 성냄이 안 풀려서
일만 냥 집어주고서 겨우 때워 넘겼소

금년은 솔을 베어 항구로 내가면서
왜놈들 막을 큰 배 만든다 하더니만
조각배 한 척이라도 만들지를 않았소

옛 모습 볼 수 없어 우리 산 망쳐놨소
소나무 어리지만 놔두면 커지리니
화근을 뽑아내는 일 게으르게 하겠소

그 전에 솔 심듯이 지금 다 뽑아내고
잡목만 남겨두어 겨울을 보내려오
아침에 관첩을 내려 비자나무 찾았소

비자도 뽑아내고 산문을 닫으려오이상 詩
다산은 스님 말씀 듣고서 너무 슬퍼
시僧拔松行 지어 목민심서의 산림편에 실었다

다산茶山, 山名의 초당에서 백 보쯤 되는 곳에
가난한 선비 집에 귤나무 하나 있어
일년에 오륙백 닢의 돈을 벌고 있었네

이걸로 꿔다 먹은 환곡을 갚았노라
이 일이 소문 나자 저졸邸卒이 달려들어
갖가지 공갈을 하고 안뜰까지 왔노라

선비가 너무나도 분함을 참지 못해
도끼를 들고 가서 귤나무 베어내고
사악한 저졸놈에게 귤나무를 던졌다

가족들 가슴 치며 모두들 울었노라
유배지 강진에서 참상을 보고 나서
이몸이다산 참귤사斬橘詞 지어 위로하여 주었네

토호와 귀족들이 수리水利를 독점하여
맘대로 자기들의 전답만 물을 대면
수령은 엄금시켜서 약자들을 돕거라

관청의 건물들이 기울고 비가 새고
바람이 들이쳐도 수리를 아니 하고
그대로 방치해 두면 큰 허물이 되노라

고을의 아전들과 군교와 관노들은
부역에 동원하여 일하게 해야 한다
중들도 공사를 돕게 하는 것도 방도다

성곽을 수축하고 해자를 보수하여
국방을 굳게 하고 백성을 보호하라
이것도 목민관들이 하여야 할 직무다

도로를 보수하고 잘 닦아 놓아야만
여행을 하는 자들 다니고 싶어 하네
이것도 어진 수령이 해야 하는 업무다

농기구 만들어서 경작을 독려하고
베틀을 만들어서 길쌈을 권하는 것
이것도 목민관들의 필수 업무 하나다

전거田車, 손수레를 만들어서 농사를 권장하고
병선兵船을 만들어서 전쟁에 대비하라
이것도 목민관들이 해야 할 일 하나다

전거를 백성들이 본적이 아직 없다
전거로 풀 나르고 인분을 운반하고
곡식을 나르게 하면 힘을 덜 수 있노라

벽돌과 기와 구어 주택을 개량하여
고을의 초가집을 기와집 만들어라
이것도 목민관들이 선정하는 길이다

됫박升과 저울들이 집마다 다른 것을
하나로 통일하기 쉽지가 않지만은
창고와 시장의 되와 저울 같게 하여라

초가를 기와집이 되도록 하란 것은
백성의 주거 환경 개선의 정책이다
조선판 새마을 운동 설계한 공 빛나네

박정희 대통령은 새마을 운동하고
오천 년 찌든 가난 몰아낸 지도자다
다산의 목민심서를 애독한 덕 아닐까

다산은 유배지서 자신의 아픔 잊고
백성을 사랑하고 나라를 걱정했다
부패한 조선왕조는 외면하여 망했다

(이상 38수)

제12장

# 진황

賑荒

## 백성과 하늘만은
## 속일 수 없는 것을

세상에 흉년 들어 집 떠난 유랑민들
떠돌다 굶어 죽어 구렁에 버려졌다
조선이 나라다우면 이런 일이 있겠나

다산은 유배지서 유랑민 목격하고
눈물로 먹을 갈아 구제책 제시했다
조선이 나라답도록 선명善鳴을 한 것이네

진황賑荒은 흉년들어 굶주린 백성들을
보듬어 구제하는 행정을 의미한다
다산의 애민정신이 오롯하게 담겼네

흉년에 백성 구제 선왕先王들 진력했다
목민관 재능 여부 구휼에 나타나니
기근을 잘 보살펴야 수령 업무 끝나네

흉년에 백성들의 구제가 급선무니
사전에 철저하게 준비를 해야 한다
예비를 하지 않으면 구차하게 되노라

재해를 구제토록 권하는 권분勸分이란
주周나라 시대부터 시작된 것이로다
지금의 권분제도는 옛날 것과 다르네

조선의 권분법은 곡식을 헌납받아
그것을 만민에게 나누어 주고 있다
옛날의 법은 아니나 관례화가 되었네

흉년에 도둑질은 소문이 나게 되고
재앙이 후손에게 끼치게 될 것이다
반드시 마음에 싹이 트게 하면 안 되네

수령이 진휼賑恤함은 불쌍히 여긴 거니
타지방 유민들과 내 고을 유민까지
모두 다 가슴에 안아 구제토록 하거라

떠돌며 구걸하는 궁핍한 백성들은
호소할 곳이 없는 불쌍한 사람이다
수령은 마음을 다해 살펴주고 돕거라

유민들 하루에도 수십 명 죽어나자
구렁에 갖다 버려 솔개와 까마귀는
창자를 쪼아서 먹고 여우들은 피 빠네

풍년에 유랑민을 볼 수가 없는 데도
흉년이 닥치면은 유랑민 보게 되네
이들도 양민이었고 버려진 자 아니다

육친六親이 없어지고 이웃도 거절했다
홀아비 과부 고아 의지할 곳이 없어
그래서 부평초처럼 쑥대처럼 떠도네

굶주림 계속되고 추위에 얼어붙어
그 어진 본성 잃고 염치가 없어졌고
총명과 식견까지도 흐려지게 되었네

귀신과 짐승 모습 모두가 미워했다
하늘이 유민들의 게으름 싫어하여
이러한 고통을 받게 하였다고 하는가

백성의 고혈 빠는 간악한 탐관오리
어이해 하나님이 증오를 하지 않고
저러한 낙樂을 누리게 하는지를 묻노라

기근이 든 해에는 전염병 발생한다
구제와 치료하고 죽은 자 묻는 일을
수령은 진심을 다해 보살펴야 도리다

사람은 세 가지를 속이지 못 하노라
하늘과 백성들과 자기의 마음이다
이 셋을 두려워하면 오욕만은 없노라

상사를 속이거나 군부君父를 기만해도
백성과 하늘만은 속일 수 없는 것을
그리고 자기 마음도 속일 수가 없노라

숙종 때계해, 1683 부안 고을 선비인 신종제申宗濟가
굶주려 얼음 깨고 빠져서 죽었는데
현감을 잡아들여서 곤장 치게 하였네

영조 때경신, 1740 경기 황해 강원도 기민들이
서울로 천사백여 명이나 몰려왔다
세 감사監司 문책하고서 진휼토록 하였네

영조 때계미, 1763 삼월달에 전라도 관찰사가
"기민飢民이 사십팔만 사천여 명 중에서
사망자 사백오십 명 됩니다"고 고告했네

영조가 "백성들을 살리지 못했으니
이것은 선왕先王의 뜻 버렸다" 말을 하고
삼일간 반찬의 수를 줄이라고 명했네

망종芒種날 유민들의 구호소 문을 닫고
구호에 애쓴 이에 뒤풀이 해주는데
기생과 풍악 초대는 하지 않고 끝낸다

초부樵夫, 다산의 조승문弔蠅文은 이렇게 되어있다
아사한 시체에서 구더기 생겨나서
파리로 변신을 하니 숫자들이 많았네

조승弔蠅은 파리떼를 조문한 글이지만
굶어서 죽은 자들 조문을 한 것이다
파리를 의인화해서 아래에다 싣노라

경오년1810 여름철에 파리가 번성하여
집안에 득실대고 점차로 번식하여
사방에 날아다니니 우레소리 같았네

노인들 탄식하며 괴변이 났다 하고
소년들은 성을 내며 소탕전 펼쳤도다
통발도 설치를 하고 독약까지 뿌렸네

이몸이다산 말했노라 죽여선 안 된다고
굶주려 죽은 자의 전신轉身이 파리이다
기구한 생명들이니 죽게 하지 말거라

슬프게 지난해에 기근을 겪었으며
겨울에 혹한으로 염병이 돌았노라
혹독한 세금 겹쳐서 시체들이 쌓였네

시체가 즐비한데 수의도 관도 없다
훈풍이 불어오고 기온이 높아지자
시체가 부패를 하니 썩은 물이 고였네

썩은 물 안에서는 구더기 생겨나서
황하의 모래보다 만 배가 되었는데
날개를 가진 파리로 변해버린 것이네

파리가 인간들의 무리가 아니리요
너희들 생각하면 저절로 눈물 난다
음식을 만들어 놓고 초청하니 모여라

서로가 알려주고 모두에 전해 주어
여기로 모여들어 먹기를 바라노라
슬퍼서 아래와 같이 조문하니 듣거라

파리야 날아와서 소반에 모이거라
소복한 흰 쌀밥에 국과 술 차려놨다
타는 목 타는 창자를 어서 와서 축여라

파리야 훌쩍훌쩍 울기만 하지 말고
부모와 처자식도 데리고 어서 와라
배불리 실컷 먹고서 근심하지 말거라

그대의 옛집 보니 쑥대가 가득하고
벽들도 무너졌고 문짝도 떨어졌네
밤에는 박쥐가 날고 낮엔 여우 우누나

그대의 옛 밭 보니 풀들만 자랐구나
금년엔 전답에도 윤기가 흐르건만
사람들 살지 않아서 밭 가는 이 없누나

파리야 날아와서 고기에 앉았거라
살찐 소 삶아 놓고 죽 속에 고기 있다
초장에 파도 넣었고 생선회도 있노라

굶주린 배 채우고 얼굴을 활짝 펴라
도마에 고기들이 소복이 남아 있다
그대의 무리들에게 실컷 먹게 하거라

그대들 시체 보니 언덕에 쌓였는데
수의도 못 입고서 초목에 덮여 있다
장마가 끝이 난후에 날씨까지 더웠네

이물異物로 변하여서 하얗게 꿈틀대니
콧구멍 옆구리에 구더기 가득하다
허물을 벗고 변신해 질곡에서 나왔네

길가에 송장 있어 행인이 놀라는데
아기가 파고들어 어미 젖 빨고 있다
마을에 썩는 시체들 묻지 않고 두었네

산에는 무덤 없고 구렁을 채웠구나
잡초가 무성하고 살쾡이 찾아와서
좋아라 뜯어 먹으며 춤을 추고 있누나

해골이 나뒹구니 구멍이 뻐끔하다
그대는 나비처럼 날아서 가버리니
이제는 껍데기들만 남아 있게 되었네

파리야 날아가서 고을로 가지 말라
형색이 야위었고 굶주린 사람들을
서리胥吏가 붓대를 잡고 얼굴들을 살피네

대竹처럼 늘어서서 다행히 선택돼도
물같이 멀건 죽을 한 모금 마신다네
벌레가 묵은쌀 위로 어지럽게 다닌다

피부가 살이 쪄서 돼지와 같은 모습
아전들 나대면서 호세를 부리누나
어울려 공로 아뢰면 견책하지 않는다

보리가 익게 되면 기민소 문을 닫고
연회를 베푸는데 풍악과 기생 있네
음식이 가득하건만 그대들만 못 먹네

파리야 언감생심 관사로 가지 마라
세상에 고량진미 가득히 있지마는
부채를 흔들어대니 엿볼 수도 없다네

아전놈 주막에서 멋대로 판결하고
온 고을 편안하며 굶주린 사람 없다
역마로 태평하다고 보고서를 올리네

파리야 그대 혼은 환혼還魂을 하지 말라
그대는 지각없이 혼미함 축하한다
죽어도 앙화는 남아 형제에게 미치네

유월에 조세 독촉 아전이 문 흔드네
호령이 사자후라 산악을 뒤흔든다
가마솥 송아지 돼지 한꺼번에 뺏겼네

관가로 끌고 가서 볼기를 때리는데
그 매를 맞고 오면 쓰러져 기진하여
염병에 걸려 풀 눕듯 고기 썩듯 죽는다

슬프다 천지사방 호소할 데가 없고
백성들 죽지 않은 이들이 없는지라
슬퍼할 사람들마저 없는 세상 되었네

어진이 위축되고 소인배 날뛰기에
봉황은 입 다물고 아무 말 하지 않네
슬프다 까마귀들만 짖어대는 꼴이다

파리야 훨훨 날아 북으로 천 리 가서
지엄한 구중궁궐 들어가 임금 뵙고
충정을 호소하고서 깊은 슬픔 아뢰라

막으면 토설 말고 시비는 하지 마라
일월이 밝게 비춰 밝은 빛 비추나니
어짐仁을 베푸신다고 임금 감격 시켜라

벼농사 기장 농사 오곡이 풍년들어
백성들 굶주리는 사람이 없게 되면
파리야 그때 날아서 남쪽으로 오거라이상 조승문

파리는 죽은 자가 전신轉身한 것이라는
조승문 읽고 나서 눈물을 안 흘리면
뉘라서 사람이라고 하는 이가 있을까

파리를 조문하려 쓴 글이 아니로다
흉년에 굶어 죽은 사람을 조문하니
다산의 연민의 정은 아름답고 빛나네

흉년이 끝난 뒤에 백성들 기진함은
큰 병 후 원기회복 못한 것 똑같으니
안정을 시키는 일을 소홀해선 안 되네

안정을 시키려면 양식을 도와주고
소牛들을 지원하고 세금을 줄여주며
부채를 탕감해 줘야 회생할 수 있노라

삼정의 문란에다 흉년과 염병으로
백성들 죽어가니 구제책 제시했다
다산의 목민심서에 지도자의 길 있다

사람들 가마 타는 즐거움 알면서도人知坐輿樂
가마를 메는 사람 고통은 모른다네不知肩輿苦
다산의 견여탄肩輿嘆 시에 들어 있는 명구名句다

다산은 낡고 병든 조선을 개혁하여

만민이 윤택하고 만물이 상생하는

새로운 조선왕조를 만들려고 꿈꿨다

(이상 66首)

제13장

# 해관

## 解官

어떻게 주야장천을
벼슬할 수 있겠나

천하의 진시황도 오십에 저승 갔다
인생도 유한하듯 벼슬도 끝이 있다
어떻게 주야장천을 벼슬할 수 있겠나

벼슬을 하는 동안 선정을 해야 하고
벼슬을 물러날 때 처신도 중요하다
떠나는 뒷모습까지 깨끗해야 선비다

뉘라서 세세년년 벼슬을 하겠는가
때 되면 내려놓고 낙향을 해야 한다
해관解官서 물러날 때의 처신들을 밝혔네

벼슬이 갈려 다른 벼슬을 말게 되고
잃어도 연연하고 놀라선 아니 된다
그러면 많은 사람이 존경할 것 아닌가

천박한 목민관은 벼슬을 잃게 되면
경황이 전혀 없어 어찌할 줄을 몰라
보물을 잃는 것처럼 허둥대니 우습다

처자는 돌아보며 눈물을 흘려대니
아전과 종놈들은 보고서 비웃는다
관직을 잃었는데도 조소까지 받는가

옛날의 현명하고 올바른 수령들은
관청을 여관처럼 여기고 있었기에
아침에 떠나갈 듯이 준비하고 있었네

문서와 장부들을 깨끗이 정리하고
행장도 꾸려둬서 벼슬이 바뀌어도
조금도 미련이 없어 떠날 수가 있었네

언제나 가을 새매秋隼 나무에 앉았다가
갑자기 떠나듯이 한 점의 애착까지
마음에 머무른 적이 없었야만 된다네

송나라 왕환지王渙之가 이렇게 말하였다
“수레를 탈 때에는 추락에 대처하고
배 타면 전복될 것을 대비함이 옳도다”

"벼슬을 할 때에는 언제나 불우함이
닥쳐올 것이라는 자세로 대처하라"
참으로 왕환지 말이 옳은 것을 알겠네

벼슬을 헌 신처럼 버려야 하는 것이
옛적의 의리이니 벼슬이 바뀐 후에
추하게 슬퍼한다면 수치스런 일이다

평소에 공문서의 정리를 잘해두어
언제든 떠나갈 수 있도록 해야 한다
후환이 없도록 해야 지혜 있는 선비다

아버지 정재원丁載遠의 묘갈명墓碣銘 이야기다
문숙공文肅公 채제공蔡濟恭이 묘갈명 지었도다
"정군丁君이 진주晋州목사로 재임 중에 병病 났다"

"좌우에 의지할 수 있는 이 없었는데
세 아들 중도에서 분곡奔哭을 하고 있고
아전의 문서 장부文簿가 두서頭緖들이 없었네"

"마침내 베개 가에 있었던 상자에서
기록한 종이 한 장 찾아내 살펴보니
아전들 포흠逋欠 잉여剩餘가 기록되어 있었네"

"일일이 조목별로 죽 적혀 있었기에
저것과 이것들을 대조해 보완하니
하나도 남는 것들도 모자람도 없었네"

"정군의 벼슬살이 모습과 행정력과
규모가 죽기까지 신중히 하였으며
빈틈이 없음이 이와 같았다"고 하였네

고을의 어른들이 교외서 전송할 때
아이가 어머니를 잃은 듯 말을 하면
이것은 인간 세상의 영광스런 일이다

내다산 친구 한익상韓益相은 가난한 선비인데
객지서 벼슬하며 수십 년 고생했다
만년에 먼 곳 함경도 경성판관 되었네

친구들 윤택해질 것이라 기뻐했다
경성鏡城에 부임한 후 여전히 청렴했고
월급인 오륙만 전錢을 희사하니 놀랍네

백성을 구제하고 부역을 감해 줬다
하찮은 일이 있어 파면돼 떠날 적에
오천호五千戶 관내 부로父老들 교외까지 나왔네

오천호 집집마다 베 한 필 거두어서
노자로 쓰라면서 그에게 주었으나
모두 다 물리치고서 받지 않고 떠났네

집으로 와서 보니 식량이 떨어져서
부엌에 불 안 땐 지 사흘이 되었으나
얼굴에 후회를 하는 빛이 전혀 없었네

선정한 유관현柳觀鉉이 경성鏡城의 판관시절
을해년1755 기근 들어 지성으로 진휼했다
병자년1756 봄에 판관을 그만둘 때 일이다

고을의 사민士民들이 길 메워 송별하고
진휼을 받은 자들 전별연 준비해서
행차가 나아갈 수도 없을 지경 되었다

행차가 귀문관鬼門關에 이르게 되었는데
기근 때 도움받은 장정들 수십 명이
"은덕을 못 갚았으니 가마 메게 해주오"

"인부가 따로 있어 수고할 것 없도다"
기민들 앞을 다퉈 가마를 메고 가서
눈물을 서로 훔치며 하직하고 갔노라

집으로 가는 길에 완악한 백성 만나
질책과 매도당해 악평이 소문나면
이 또한 인간 세상의 치욕인 것 아니냐

청렴한 선비들은 집으로 돌아갈 때
깨끗해 낡은 수레 여윈 말 타고 가니
산뜻한 바람이 불어 사람에게 스민다

시묘時苗, 漢人가 누런 암소 타고서 부임했다
일년 후 근무지서 송아지 낳았는데
떠날 때 "내 것 아니다" 한 후 두고 떠났다

최석崔碩은 승평昇平, 현 순천부사 임기를 마치고서
떠날 때1281 말 팔필八匹을 받아서 타고 갔다
타고 간 여덟 마리 말 승평으로 보냈네

"내 말이 승평에서 새끼를 낳았으니
승평의 재산이지 내 것이 아니라"며
보태어 아홉 마리를 승평부로 주었다

이후로 부사에게 말 주는 것 그쳤다
승평부 사람들은 최석에 감동하여
청덕을 널리 기리려 팔마비八馬碑를 세웠네

이 비는 우리나라 최초의 선정비다
말들을 갖고 가지 못하게 경고장을
비석에 새긴 조상들 지혜들이 놀랍네

상자와 농 속에는 새 그릇 하나 없고
구슬과 비단들과 토산물 없다면은
진실로 청렴한 선비 행장이라 하겠네

성종 때 이약동李約東이 제주도 목사 시절
가진 것 가죽 채찍 하나만 있었는데
"이것도 제주도 거다" 하고 두고 떠났네

제주도 사람들이 보물로 보관하여
목사가 부임할 때 내다가 걸어놨다
오래돼 채찍이 헐자 그림으로 남겼네

물건을 연못에다 던지고 불태워서
자신의 청렴함과 결백을 드러냄은
천리天理에 맞지 않으니 옳은 일이 아니네

세종 때 이계수李桂秀가 금산錦山의 군수 시절
자신에 박薄하면서 선정을 하였도다
육 년의 임기 마치고 떠날 때의 일이네

군민들 시를 지어 전송을 하였노라
“청렴한 절조節操들은 고금에 드물었고
백성의 고혈 한 푼도 앗아가지 않았네”

집에 와 떳떳하지 못하는 물건 없고
청빈이 옛날처럼 같으면 으뜸이다
종족宗族을 넉넉히 함은 그 다음의 일이지

수령이 떠나는 게 너무나 아쉬워서
백성들 길을 막고 유임을 원하는 것
역사에 광휘가 전해 후세까지 빛나네

명성이 널리 퍼져 혹 이웃 고을에서
수령이 되어달라 서로가 다툰다면
현명한 목민관이니 영광스런 일이네

백성이 애모하고 명성과 치적들이
뛰어나 고을에서 재임을 하게 되면
이 또한 사책史冊에 남아 광영스런 일이네

아전과 모의하고 백성을 유혹하여
왕에게 유임하게 빌도록 하는 자는
임금을 속인 것이니 죄가 매우 크도다

재임 중 사망하면 인품이 빛이 나서
아전과 백성들이 슬퍼서 울부짖고
잊지를 못하는 것이 목민관의 최후네

곽은郭垠이 담양부사 시절에 선정했다
죽으니 온 고을의 백성이 슬퍼했고
해마다 기일이 되면 제사 지내 주었네

수령이 죽은 뒤에 백성이 사모하여
사당을 세워놓고 제사를 지낸다면
생시에 남긴 사랑을 알 수 있는 것이네

김희金熙는 남원부사 시절에 선정했다
백성을 자식같이 여기다 운명하니
기일에 제사 지내며 추모하고 기렸네

세조 때 김계희金係熙는 나주의 목사였다
선정을 베풀었고 학교를 진흥시켰다
기일에 명륜당에서 제사 지내 주었네

어진 이 가는 곳엔 따르는 사람들이
많아서 시장 같고 집으로 돌아와도
따르는 자가 있으면 덕을 베푼 결과네

이제는 목민심서 마지막 글을 보자
훼방과 칭예들의 진실과 선악 판별
군자의 말 기다려서 공안으로 삼아라

방대한 목민심서 중요한 내용들을
시조로 옮겼으나 아쉬움 많이 있다
일련一臠만 맛보고서도 온 솥 국맛 안다네

유형지 강진에서 완성한 목민심서
시공을 초월하여 목민관 교과서다
다산의 우국애민을 계승할 자 누군가

임금이 무능하고 신하가 부패하면

나라는 무너지고 백성들 노예 된다

조선이 망한 이유를 모르는 자 있는가

(이상 56수)

제14장

# 후세의 평가

## 아는가 고종황제도 목민심서 읽었다

임금은 무능하고 탐관貪官들 횡행하여
백성들 질곡의 삶 견딜 수 없는지라
정의의 횃불을 드니 산천초목 떨었네

철종哲宗은 임술년1862에 민란이 일어나자
전국에 수습책을 올리라 명하였다
이때에 기정진奇正鎭이 쓴 임술의책壬戌擬策 보세나

"수령과 감사들이 이익을 취하려고
기발한 방법들과 간악한 수법들은
말로는 다 할 수 없고 손으로도 못 센다"

"정약용 목민심서 구해다 읽는다면
백성의 질곡들과 나라를 갉아먹는
실상을 알 수 있다"고 분명하게 밝혔네

나쁜 짓 손으로도 못 센다 말한 것은
수령은 여섯 가지 아전은 열두 가지
방법을 총동원하여 착취한 것 뜻하네

당시에 목민심서 필사본 유행하니
이 책이 완성된 지 사십사 년 되었다
명저라 임술의책에 언급된 것 아닌가이상 기정진

황현黃玹의 매천야록梅泉野錄 기록을 살펴보자
"다산은 민생국계民生國計 그리고 유용지학有用之學
연구해 저술을 하니 후세의 법 되었다"

"다산의 목민심서 전제고田制考 흠흠신서
그리고 방례초본邦禮草本, 經世遺表 모두가 명저로다
동방의 공전절후空前絶後한 업적으로 빛나네"

"다산과 유형원柳馨遠과 이익李瀷의 학문세계
서로를 비교하여 본다면 나 황현은
다산이 더 큰 학문을 베풀었다 말하네"

"고종高宗이 부강책富强策이 분분히 변경되자
의지할 신하 없어 한탄을 하고 나서
다산의 여유당집을 전사轉寫할 것 명했네"

고종은 여유당집 읽고서 말하였다
“다산과 동시대가 아니라 한탄한다不同時之歎”
고종의 이 탄식에서 다산 위상 보이네

“다산의 저술들은 하나도 간행하여
배포된 것 없으나 필사본 유행하니
값진 책 목민심서와 흠흠신서欽欽新書 이로다”

“두 책은 관리들이 지방을 다스리고
소송의 판결에서 절실한 것이라서
당론黨論이 다른 집안도 보관하게 되었네”

“지금도 수백 본數百本이 나돌고 있는데도
오자誤字와 잘못되고 빠진 것 많이 있어
읽을 수 없는 것들이 많이 있다” 하였네이상 황현

일제 때 정인보鄭寅普는 “근고近古의 학술사를
종계綜系해 본다면은 일조一祖가 반계磻溪, 柳馨遠이고
성호星湖, 李瀷가 이조二祖가 되고 다산 선생 삼조三祖다”

"정다산 한 사람의 연구는 조선사와
근세의 사상사와 조선의 심혼心魂들의
명예明翳와 성쇠존멸의 연구"라고 하였네이상 정인보

암울한 일제 시대 망국의 지식인들
다산이 서거한 지 백주년1936 맞이하여
방대한 여유당전서與猶堂全書 출판78권하니 장하다

다산의 저술들을 출판한 지식인들
일제의 어둠 속에 광명을 찾으려고
뜻 모아 독립운동의 일환으로 책 냈다

고종의 하명으로 필사한 여유당집
서울대 규장각이 소장을 하고 있다
고종이 읽고 탄식한 어람본御覽本인 것이네

다산은 떠났어도 유저遺著는 남아 있어
위대한 선명善鳴들을 누구나 알 수 있네
아는가 고종 황제도 목민심서 읽었다

(이상 20수)

제15장

# 맺는말

## 현대판 탐관오리들 대청소를 하세나

다산은 스물여덟1789 과거에 급제하여

십일 년 벼슬하며 공렴公廉을 실천했고

십팔 년 귀양 살면서 명저들을 썼노라

과거에 급제한 날 이렇게 다짐했다

"둔해서 업무수행 하기가 어렵지만鈍拙難充使

공렴을 정성 다하여 실천토록 하리라公廉願效誠"

다산의 목민심서 두 자로 요약하면

공정公正과 청렴淸廉함을 합쳐 논 "공렴公廉"이다

공렴이 무너지면은 나라까지 망하네

불후의 목민심서 국민의 필독서다

백성을 사랑하는 덕목을 제시했고

훌륭한 목민관들의 업적들을 밝혔네

다산은 속유론俗儒論서 선비의 길 논했다

"나라를 다스리고 백성을 편케 하고治國安民

오랑캐 쳐들어오면 막아내는 것이네攘夷狄"

"재물의 쓰임들을 넉넉히 해야 하고裕財用
문무를 갖추어서 대응을 잘하는 것能文能武
이것이 참된 선비의 학문이라" 하였네

"옛사람 문장 따서 시구詩句나 지어내고
벌레나 물고기에 주석注釋을 낸다거나
예의만 익히는 것이 학문이라 하겠나"

자신이 말한 것을 스스로 실천하여
명저인 일표이서一表二書 후세에 남겼노라
이 책들 치국안민治國安民에 기여하는 명저다

조선을 사랑했던 뜨거운 열정으로
백성의 아픔들을 보듬고 껴안았다
애민愛民을 목민심서에 오롯하게 담았네

외로운 유형지서 십팔 년 보내면서
자아의 아픔보다 백성들 걱정했고
부패한 조선왕조를 살리려고 책 썼네

나라와 백성들을 살리는 길인 데도
썩어서 문들어진 조선은 외면했다
지금도 목민심서를 외면한 자 있노라

다산은 늙고 병든 조선을 개혁하여
백성이 윤택하게 살기를 바랬었고澤萬民
만물이 육성되기를 간절하게 꿈꿨네育萬物

다산이 우리나라 부패상 안다면은
속편續編의 목민심서 저술을 할 것이다
아마도 이미 탈고를 했는지도 모른다

다산은 조선왕조 오백년 학술사에
실학을 집대성해 헌정을 하였노라
조선은 유배를 보내 다산에게 빚졌네

다산이 훌륭하단 소리는 그만하고
선명善鳴한 우국애민 정신을 실천하자
구슬이 서 말이라도 꿰어야만 보배다

다산의 목민심서 고종高宗도 읽었노라
목민관 교과서로 국한을 하지 마라
모두가 시대정신인 공렴사상 본받자

다산의 공렴사상 올곧게 실천하여
부패와 간통하고 저질의 정치하는
현대판 탐관오리들 대청소를 하세나

오늘의 시대정신 공렴을 실천하여
불의를 척결하고 정의를 곧게 세워
더욱더 자랑스러운 대한민국 만들자

[이상 18수, 총 800수, 대미(大尾)]

# 부록 Ⅰ

## 정약용의 『목민심서』 세계

# 정약용의 『목민심서』 세계

## 1. 다산학은 위대한 경세학經世學

위대한 선명자善鳴者 다산茶山 정약용丁若鏞, 1762~1836은 18년간 유배를 당했으면서도 이를 극복하고 실학實學을 집대성集大成하여 조선왕조에 헌정獻呈한 세계적인 석학이다.

김상홍 편저, 『다산의 꿈 목민심서』, 새문사, 2007.

김상홍 저, 『다시 읽는 목민심서』, 한국문원, 1996.

금년2025은 다산이 탄생한 지 263주년이 되고, 운명한 지는 189년이 된다. 그리고 1818년 봄 유배지인 강진의 다산초당茶山草堂에서 완성한 공직자의 교과서인 『목민심서牧民心書』 48권가 세상에 나온 지 207주년이 된다. 또한 장장 18년의 유배살이를 마치고 고향에 돌아온 지도 207주년이 된다. 독일에 괴테Goethe, 1749~1832가 있다면 조선에는 다산이 있다. 다산은 괴테보다 13년 늦게 태어났다. 괴테와 다산은 같은 시대를 살았다.

다산의 저서 『여유당전서與猶堂全書』는 경서經書 연구서인 경집 250권과, 문집 126권과, 잡찬雜纂 166권으로 총 542권이다. 다산은 발상의 전환paradigm shift으로 조선후기 실학을 집대성하여 우리나라 5천년 지성사에 신지평新地平을 열었다. 그의 선명善鳴은 경학經學, 정치, 경제, 예학, 법률, 천문, 문학, 언어, 지리, 교육, 의학, 고증학, 농학, 건축 기술 등으로 호한浩瀚하다. 이를 "다산학"茶山學이라고 한다.

다산의 시공을 초월한 선명인 다산학은 "공렴公廉으로 오래된 조선을 새롭게 개혁하여"新我之舊邦, "만백성을 윤택하게 하고澤萬民, 만물을 육성하는 것育萬物"으로 요약된다. 이 "택만민澤萬民 육만물育萬物"은 상생Win-win의 구현이다. 다산의 위대한 경세학經世學을 계승 발전시켜 더 큰 대한민국을 만드는 것이 시대정신Zeitgeist이다.

## 2. 다산의 치열한 생애

다산 정약용은 1762년영조 38년 6월 16일양력 8월 5일 사시巳時, 9시~11에 경기도 광주군廣州郡 초부면草阜面 마현리馬峴里, 현재 경기도 남양주시 조안면 능내리에서 아버지 정재원丁載遠, 1730~1792과 어머니 해남윤씨海南尹氏, 1728~1770의 넷째 아들로 출생했다.

28세에 과거에 급제한 후 11년간의 벼슬살이와 18년의 유배생활 등 파란만장한 삶을 살다가 결혼 60주년일, 즉 회혼일回婚日인 1836년헌종 2년 2월 22일양력 4월 7일 75세로 운명했다.

### 1) 수학기修學期

수학기는 출생한 1762년영조 38부터 과거에 합격하기 전인 27세1788, 정조 12까지이다. 다산은 7세에 "작은 산이 큰 산을 가렸으니/ 멀고 가까움이 다르기 때문"小山蔽大山, 遠近地不同 이라고 시를 지어 주위를 놀라게 했다.

15세1776 때 2월 22일 에 홍화보洪和輔의 딸 16세의 홍혜완洪惠婉, 1761~1838과 결혼했다. 22세에 경의진사가 되고 회시會試에 합격한 후 정조正祖에게 사은謝恩하니 풍운지회風雲之會의 첫 만남이었다. 다음 해에 『중용강의』 80여 조를 올려 정조에게 학문적 역량을 인정받았다.

다산은 23세 때인 1784년 4월 15일 이벽李檗, 1754~1786으로부터 두미협의 배 안에서 처음으로 천주교에 관하여 듣고 관계 서적을 보았다. 그 후

26세부터 4~5년간 천주교에 심취했다.

1791년 전라도 진산의 윤지충尹持忠, 1759~1791은 모친상을 당하자 외사촌 권상연權尙然, 1751~1791과 함께 로마 가톨릭 예식으로 장례를 치렀다. 이로 인해 윤지충과 권상연은 참수 당했는데 이를 신해사옥辛亥邪獄이라 한다. 다산은 신해사옥30세 이후 완전히 천주교와 절의絶意하고 운명할 때까지 외유내유外儒內儒로 일관했다. 그러나 일시 믿었던 것이 화근이 되어 공서파攻西派에게 천주교도로 몰려 일생 동안 시달림을 받았다.

### 2) 사환기仕宦期

벼슬한 사환기는 28세1789, 정조 13부터 38세1799, 정조 23까지 11년이다. 28세 때 3월 10일 전시 갑과甲科 제2위로 과거에 합격한 후, 다음날인 3월 11일 희릉직장禧陵直長에 제수되었다. 희릉서삼릉의 하나로 사적 제200호은 경기도 고양시에 있는 조선 제11대 왕인 중종中宗의 계비 장경왕후 윤씨의 능이다. 경기도에서 태어난 다산은 첫 벼슬을 경기도에서 시작했고 담당 업무가 문화재 관리였다. 바로 모두가 선망하는 초계문신抄啓文臣이 되었다. 다산은 정조에게 『삼국지연의』 · 『수호지』· 『서상기』 · 『금병매』 등 패관잡서를 불사르고 수입을 금하도록 건의하고, 문장 스타일을 순정한 문체로 바로잡아야 한다는 문체순정론文體醇正論을 전개했다.

29세1790에 예문관검열이 된 후 해미현으로 유배되었으나 19일 만에 풀려나 사간원정언, 사헌부지평이 되었다.

31세1792에 정조의 명으로 수원화성 건설에 발상을 전환하여 크게 기여했다. 33세1794에 경기도 암행어사가 되어 적성, 마전, 연천, 삭령지역을 염찰하고, 백성들의 비참한 현실에 애련의 눈물을 지었으며, 서용보徐龍輔, 1757~1824 등 세력가들의 횡포를 척결하는 치적을 남겼다.

34세1795에 1월에 도부승지, 3월에 병조참의가 되었다. 숙직하던 중에 왕명으로 7언배률 1백운을 반야半夜 사이에 지어 정조와 문임제신文任諸臣들로부터 '문원文苑의 기재奇才', '기재 시인', '천재시인'이라는 평을 받았다. 3월 20일에 우부승지가 되었다. 이해 7월에 청나라 주문모周文謨 신부가 체포되고 둘째형 정약전丁若銓이 연좌되어 7월 26일 충청도 청양의 금정도찰방金井道察訪으로 좌천됐다. 정3품 당상관 우부승지가 8품계가 낮은 7품직이 맡는 금정도 찰방역장으로 좌천된 것이다. 이해 12월 20일 용양위 부사직에 체임되어 금정을 떠나 서울로 갔다. 7월 26일자로 좌천되어 12월 20일 체임되어 금정을 떠났으니 약 5개월을 금정도 찰방으로 있었다.

35세1796 1월에 충청감영의 장계로 인하여 벼슬에 물러났으나, 12월에 병조참지, 우부승지로 복직한다. 다산은 이 해에 초계문신 출신자들을 중심으로 문학 써클인 죽란시사竹欄詩社를 결성했다. 정조 시대의 문단을 대표하는 시사이다.

36세1797에 6월에 동부승지가 제수되자 사직 상소를 올렸다. 상소에서 10여 년 동안 천주교도라는 비방을 받고 있으나, 젊은 시절에 일시 마음을 기우렸던 것은 사실이지만 신해사옥1791, 31세 이후 완전히 배교했음을 밝히고, 자신의 구곡간장을 더듬어 보아도 일호의 잔재가 없어 천주교도라는 악목惡目과 추명醜名을 씻는 것이 간절한 소원이라고 했다. 또한 천주교 교리를 상륜패리지설傷倫悖理之說이라 단정하고 이를 믿는 것은 새와 짐승이 사람과 같이 있는 것과 같아 하루도 함께 살 수 없다고 비판했다.

정조는 다산을 공서파의 비난에서 보호하고자 황해도 곡산도호부사로 보냈다. 2년간 재임하면서 10대 치적을 남겼다. 다산은 지방행정의 달인이자 목민관의 전범이었다. 곡산부사의 경험은 후일 『목민심서』와 『흠흠신서』를 저술하는 기초가 되었다.

38세1799 4월에 병조참지, 5월 4일에 동부승지, 5일에 형조참의현 법무부 서열 3위가 되었으나 6월 21일 민명혁閔命爀이 배척상소하자, 다음날인 22일 사직상소하여 7월 26일 윤허되어 물러났다. 정조의 지극한 신임을 받았으나 공서파의 집요한 공격으로 벼슬 11년간이 편치 못했다.

39세1800 봄에 세로世路의 위험함을 느끼고 처자와 함께 고향인 초천으로 내려갔다. 6월 28일 정조가 갑자기 승하하고 순조가 등극하자 다산의 앞날에 먹구름이 끼게 된다. 벽파의 이기경李基慶, 목만중睦萬中, 홍낙민洪樂敏이 다산과 이가환李家煥 등이 작난作亂할 것이라는 유언비어를 유포하고 다산을 사흉四兇의 하나로 지목했다.

### 3) 유배기流配期 — 유배의 역경을 학문연구로 승화

유배기는 40세1801, 순조 원년부터 57세1818, 순조 18까지 18년간이다. 1801

년 소위 책롱사건冊籠事件이 신유사옥辛酉邪獄으로 비화되어 2월에 셋째형 정약종丁若鍾은 참수되고, 둘째형 정약전丁若銓은 신지도로, 다산은 죽음을 면하고 경상도 장기長鬐로 유배되었다. 당시 국문에서 천주교를 배교하였음이 밝혀졌으나, 젊은 시절에 일시 믿은 것이 죄가 되어 유배되었다.

같은 해 10월 황사영黃嗣永, 큰형 정약현의 사위 백서사건으로 장기 유배지에서 서울로 압송되어 조사를 받았다. 황사영 백서사건과 무관함이 밝혀졌지만 전라도 강진으로 유배되어 장장 18년간을 조롱 속에 갇힌 새가 되었다.

귀양살이! 유배流配는 형기刑期가 없는 무기형이다. 유배지는 한결같이 환경이 열악하고 궁핍한 곳이다. 귀양객은 정해진 곳에서 부자유스럽게 살면서 언제 금부도사가 사약을 들고 올지 모르고, 언제 풀려날지도 모르는 미래가 불투명한 세월을 하염없이 보내야 한다.

다산은 40세 때인 1801년순조 원년 신유사옥으로 2월 10일 입옥入獄 되었고, 2월 26일에 셋째형 정약종은 참수되었다. 다산은 2월 27일 경상도 장기 유배지로 출발하여 3월 9일 장기에 도착했다. 둘째형 정약전은 신지도로 유배되었다. 다산은 같은 해 10월 20일 장기에서 황사영 백서사건으로 체포, 서울로 압송, 10월 27일 입옥되었다. 11월 5일 다산은 강진으로, 정약전은 흑산도로 유배 명을 받았다. 다산 형제는 11월 21일 나주 율정栗亭에 도착, 다음날인 22일 유배지로 떠났다. 다산은 1801년 11월 22일 또는 23일 강진에 도착했다. 57세 때인 1818년 8월에 귀양에 풀려나 9월 2

일 강진을 출발하여 9월 14일에 고향으로 돌아왔다. 장장 18년간 유배생활을 했다.

다산은 고난에 찬 유배를 운명으로 수용하고, 발상을 전환하여 유배를 학문연구의 기회로 승화시켰다. 먼저 그의 「상례사전서喪禮四箋序」를 보자.

> 내가 이 때문에 일찍이 여기학문에 뜻을 두었으나, 다만 직무 수행과 빈객의 접촉으로 이 일을 착수할 여가가 없었다. 그런데 신유년 겨울에 내가 영남장기에서 체포되어 서울에 올라왔다가, 또다시 강진으로 귀양 가게 되었다. 강진은 옛날 백제의 남쪽 변방으로 지역이 낮고 풍속이 고루하였다. 이때에 그곳 백성들은 유배된 사람 보기를 마치 큰 해독처럼 여겨서 가는 곳마다 모두 문을 부수고 담장을 허물어뜨리면서 달아나 버렸다. 그런데 한 노파가 나를 불쌍히 여겨 자기 집에 머물게 해 주었다. 이윽고 나는 창문을 닫아걸고 밤낮 혼자 오뚝이 앉아 있노라니, 함께 이야기할 사람이 없었다. 이에 흔연히 스스로 경하하기를 '내가 여가를 얻었도다.'하고, 드디어 사상례士喪禮 3편 [기석례旣夕禮와 사우례士虞禮를 통틀어 말함]과 상복喪服 1편을 그 주석까지 가져다가 침식을 잊기까지 하면서 정밀히 연구하고 조사하였다.

이는 강진 유배지에서 처음 고초를 겪은 것을 회고한 것이다. 1801년 11월 해풍이 세찬 강진에 도착한 다산은 매몰찬 인심에 두 번 울어야 했다. 강진 사람들이 다산을 "마치 큰 해독처럼 여겨서 가는 곳마다 모두 문을 부수고 담장을 허물어뜨리면서 달아나 버리는" 각박한 민심에 울어야 했고, 동문 밖의 주막집 "노파가 나를 불쌍히 여겨 자기 집에 머물게 해 준" 고마운 정에 또 울어야 했다. 다산은 유배를 침식을 잊기까지 하면서 학문 연구의 기회와, 여가로, 경사로 승화시켰다.

다산은 강진 유배지에서 많은 고초와 시련을 겪었다. 그가 회갑1822을 맞아 쓴 「자찬묘지명」집중본에서 이렇게 밝혔다.

> 내가 강진에 이르러서는 문을 닫아걸고 사람을 만나보지 않았다. 임술년1802, 순조 2 여름에 강진현감 이안묵李安默이 또 하찮은 일로 무고하였는데 사실이 없자 곧 중지되었다. 계해년1803, 순조 3 겨울에 태비太妃가 특명으로 정약용과 채홍원蔡弘遠을 같이 석방하려는데, 상신相臣 서용보가 저지하였다.

강진에 유배 온 다산은 혹여 탈이 날까 노심초사하여 문을 닫아걸고 바깥출입을 하지 않았다. 그러나 유배 2년 차인 1802년 여름에 강진현감 이안묵李安默, 1756~1804이 다산을 무고하여 괴롭혔으나 증거가 없어 중지되었다. 유배 3년차인 1803년계해, 순조 3 겨울에 태비 정순왕후1745~1805 특명으로 다산과 채홍원을 석방하라 명령을 했으나 좌의정 서용보徐龍輔, 1757~1824가 저지하여 무산되었다. 다산을 괴롭혔던 이안묵과 서용보는 다산보다 일찍 죽었다.

다산은 회갑을 맞이하여 쓴 「자찬묘지명」에서 유배를 학문 연구의 기회로 삼았다고 회고했다.

> 내가 강진으로 유배되어 가서 생각하기를 '소싯적에는 학문에 뜻을 두었으나 20년 동안 세로世路에 빠져 다시 선왕先王의 대도大道가 있는 줄을 알지 못하였는데 지금 여가를 얻게 되었다.'하고 드디어 흔연히 스스로 경하하였다. 그리하여 육경과 사서를 가져다가 침잠하여 탐구하고, 한위漢魏 이래로 명청明淸에 이르기까지의 모든 유자儒者의 학설로 경전에 보익이 될 만한 것은 널리 수집하고 두루 고증하여 오류를 정하고 취사하여 일가一家의 서書를 갖추었다*「자찬묘지명」, 집중본*.

다산은 내일이 불투명한 유배살이의 고초를 이렇게 발상을 전환하여 학문연구의 기회와 여가로, 경사로 승화시킨 철인哲人이다. 18년간 유배를 살면서 좌절하지 않고 발상을 전환하여 조선을 개혁하려는 꿈을 『경세유표』와 『목민심서』등 에서 밝혔고, 학문 연구의 기회로 승화시켰고 제자들을 양성하고 자식들을 원격교육distance education한 교육자이기도 하다.

그 후 보은산방寶恩山房, 高聲寺으로, 다음에 이학래李鶴來 집으로 전전하다가 1808년 봄에 윤단尹慱의 산정山亭이 있는 다산茶山으로 옮기고 산 이름을 취하여 호를 다산이라 했다.

다산의 둘째 형 정약전丁若銓, 1758~1816은 유배 16년째인 1816년 6월 6

일 내흑산도內黑山島 우이보牛耳堡, 현 우이도에서 59세로 운명했다. 정약전은 우리나라 최초의 수산학 관계 서적인 『자산어보玆山魚譜』를 흑산도에서 저술했다.

이때 두 아들에게 보낸 편지에서 “6월 6일은 어지신 둘째 형님이 세상을 버리신 날이다. …중략… 외로운 천지 사이에 우리 손암巽菴, 정약전 호 선생만이 나의 지기였는데, 이제는 잃어버렸으니, 앞으로는 비록 터득하는 바가 있더라도 어느 곳에 입을 열어 함께 말할 사람이 있겠느냐. …중략… 경집經集 240책을 새로이 장정하여 책상 위에 놓아두었는데, 내가 장차 그것을 불살라 버려야 한단 말이냐.”고 했다. 다산의 위대성이 바로 여기에 있다. 곤궁하고 열악한 유배지에서 1816년 6월 당시까지 유교 경전을 연구한 저서가 무려 240책이나 된다는 것은 커다란 학문적 업적이 아닐 수 없다. 유배의 역경을 학문 연구로 승화시킨 그 매서운 정신이 ‘다산학’을 완성했다.

다산은 유배지에서 「애절양哀絶陽」, 「전간기사田間紀事」 등 많은 사회시를 썼다. 탐관오리의 횡포를 고발하고 자아의 아픔보다는 민초들의 고난에 찬 삶을 슬퍼했다.

다산은 33세1704 때 경기 암행어사로 농민들의 가난한 참상을 목격하고 쓴 시 「봉지염찰도적성촌사작奉旨廉察到積城村舍作」과, 강진 유배지에서 1803년42세에 황구첨정과 백골징포를 견디다 못해 백성이 생식기를 칼로 자른 것을 듣고 쓴 「애절양哀絶陽」과, 유배 8년차인 1808년에 탐관오리들의 수탈을 사전에 막기 위해 어린 소나무를 뽑아내는 스님은 슬픈 사연을 듣고 쓴 시 「승발송행僧拔松行」과, 유배 10년차인49세 1810년에 기아飢餓와 혹한과 염병과 가혹한 세금으로 수많은 백성들이 굶어죽어 시신이 쉬파리가 된 것을 슬퍼하여 쓴 제문祭文인 「조승문弔蠅文」을 『목민심서』에 수록한 뜻을 우리는 기억해야 한다.

이 3편의 시와 1편의 제문은 다산문학의 백미이자, 조선 후기 사회의 참담한 실상을 고발한 보고서이다. 시로써 쓴 조선후기사以詩論史이다.

꾀꼬리가 싱그런 봄은 노래하지 않고 버들가지에 앉아 사랑타령만하면 잡새이지 꾀꼬리가 아니다. 부정과 부패를 보고서도 입을 다물고 꽃과 달을 노래하고 사랑 타령만 하는 것은 시인의 책무를 유기한 것이다. 민초民草들의 아픔과 고통을 자아의 아픔과 고통으로 승화여 노래한 시를 사회시社會詩라고 한다.

다산은 사회시인社會詩人이다. 다산의 강진 유배지에서 쓴 대표적인 사회시 「애절양」을 보자.

> 이 「애절양哀絶陽」 시는 가경 계해년1803 가을에 내가 강진에서 지은 것이다. 그 때 노전에 사는 백성이 아이를 낳은 지 3일 만에 군보軍保에 편입되고 이정里正이  군포 대신 소를 빼앗아가니 그 백성이 칼을 뽑아 자기의 남근男根을 잘라버리면서 말하기를 "내가 이 물건 때문에 곤액을 받는다."고 하였다. 그 아내가 남편의 남근을 가지고 관문에 나가니 피

가 아직 뚝뚝 떨어졌다. 울며 호소하였으나 문지기가 막아버렸다. 내가 듣고 이 시를 지었다.此嘉慶, 癸亥秋, 余在康津作也. 時蘆田民有兒生三日, 入於軍保, 里正奪牛, 民拔刀自割其陽莖曰, 我以此物之故受此困厄. 其妻持其莖詣官門, 血猶淋淋. 且哭且訴, 閽者拒之, 余聞而作此詩.

노전의 젊은 아낙네가 오래도록 통곡을 하네
관청을 향해 울다 하늘 보고서 울부짖는구나
군인 간 남편 못 돌아옴은 있을 수가 있으나
자고로 스스로 남근 잘랐단 말 듣지 못 했네

시아비 상복 입고 애기는 배냇물도 그대론데
시아비 남편 아들 삼대가 군적에 등록됐다네
억울함 관가에 호소하니 범 같은 문지기 있고
이정이 호통치며 외양간의 소를 몰고 갔노라

칼 갈아 방에 가서 남근을 자르니 피가 가득
한탄하길 애를 낳아서 이런 환란을 만났다네
잠실의 궁형인 거세가 어찌 죄가 있어서인가
민에선 환관시키려 자식 거세한 일 슬프도다

아들딸을 낳고 사는 이치 하늘이 준 것이라
하늘의 도는 아들 땅의 도는 딸이 되는 거네
말과 돼지를 거세함도 오히려 슬픈 일이거늘

하물며 백성들의 후손 잇는 것을 생각하노라

권문세가들은 일년내내 풍악들을 울려대면서
쌀 한 톨 포목 한 치 세금을 내는 일이 없다네
다같은 백성인데 어째서 잘살고 못살고 있나
유형의 땅에서 시경의 시구편 거듭해 읊는다

蘆田少婦哭聲長, 哭向縣門號穹蒼. 夫征不復尙可有, 自古未聞男絶陽.
舅喪已縞兒未澡, 三代名簽在軍保. 薄言往愬虎守閽, 里正咆哮牛去皁.
磨刀入房血滿席, 自恨生兒遭窘厄. 蠶室淫刑豈有罪, 閩囝去勢良亦慽.
生生之理天所予, 乾道成南坤道女. 騸馬豶豕猶云悲, 況乃生民思繼序.
豪家終歲奏管絃, 粒米寸帛無所捐. 均吾赤子何厚薄, 客牕重誦鳲鳩篇.

백성의 수령된 자가 백성을 구휼하지 않고 다만 통속적 관례만 따라 군정軍政을 행하고 있었기 때문에 때때로 악에 바친 백성들이 이러한 변고를 일으키는 일이 있으니 심히 불행한 일이다. 가히 두려워하지 않을 것인가.『목민심서』,「병전」,「첨정」.

다산의 사회시 정신을 산문으로 형상화한 것이 유배시의 대표적 저서인 『목민심서』와 『경세유표』와, 육경사서六經四書에 관한 저술이다. 그는 발상을 전환하여 조선후기 실학을 완성했다.

또한 제자 양성에 심혈을 기우려 유형의 땅에 다산학을 심었다. 유형지에서 학문 연구와 제자 양성이라는 두 마리 토끼를 잡았다. 다산초당에서 양성한 제자는 이유회李維會, 이강회李綱會, 이종문李鍾文 등 18명과, 처음 유배 왔을 때 좌우에서 가르침을 받았던 강진읍내의 손병조孫秉藻, 황상黃裳 등 6명이다. 유배지에서 많은 저술을 하면서 참여한 제자들의 이름을 밝혀 그들의 공적이 후세에 남게 했다. 고난과 역경 속에서도 학문연구와 제자를 양성한 치열한 삶과 정신은 시공을 초월하여 사표가 된다.

다산은 1818년 8월 유배에서 풀려나자 다산초당을 유배지라 생각하지 않고 제2의 고향으로 여겼다. 초당에서 가르친 18명의 제자로 하여금 다신계茶信契를 조직하게 하고 계안契案도 마련해 주었으며, 읍내에 있는 손병조 등 6인도 다신계에 참여토록 했다. 해마다 제자들이 다산초당에 모여 시회를 하고 그 시권詩卷과 함께 차와 비자를 다산의 고향 마재로 보내게 했다.

다산은 처절한 유배생활을 하면서도 발상을 전환하여 좌절하지 않고, 유배의 고난을 학문 연구의 기회로 활용하여 많은 저술을 하고 제자를 양성했다. 다산이 벼슬 11년간 이룬 업적과 일생 동안 쌓은 학문적 업적도 훌륭하지만, 유배 18년을 견뎌낸 그 정신력 하나가 더 훌륭하고 존경할 만하다. 그 매서운 정신이 다산학을 완성했다.

#### 4) 소요자적기逍遙自適期

제4기 소요자적기는 18년 유배생활에서 풀려난 57세1818, 순조 18부터 75

세1836, 헌종 2로 운명할 때까지 18년이다. 다산은 1818년 8월에 귀양에 풀려나 9월 2일 강진의 다산초당을 출발하여 9월 14일에 고향으로 돌아왔다. 그리던 고향에 돌아와 산천을 소요자적하면서 시를 짓고 저술 활동을 계속했다. 환갑1822을 맞이하여 삶을 정리하는 뜻에서 「자찬묘지명」을 지었다.

한편 죽란시사 동인이었던 윤지눌尹持訥과 이유수李儒修의 묘지명과, 신유사옥 때 천주교도로 몰려 억울한 죽음과 유배를 당한 선배와 지기인 이가환李家煥, 이기양李基讓, 오석충吳錫忠과 중형 정약전의 묘지명을 썼다. 또한 신작申綽 김매순金邁淳 등과 교유하면서 자신의 경서 연구서에 대해 의견을 교환했다. 해배 후 조정에서 세차례나 등용 논의가 있었지만 무산되었다.

고향에 돌아온 말년의 삶도 편안하지 않았다. 평생 다산을 괴롭힌 서용보徐龍輔, 1757~1824는 다산의 향리 서쪽 이웃 구산九山에 살고 있었다. 고향에 돌아온 다음해58세, 1819 봄에 서용보가 다시 영의정이 됐다. 이해 겨울에 조정에서 경전經田하는 일에 다산을 기용하려고 했으나, 서용보가 극력 저지하여 무산되었다. 비록 등용되지 못했으나 정부에서 등용 논의한 자체가 천주교도가 아님을 입증한 것이다.

다산이 고향에 돌아와 다시 천주교를 믿었다면 서용보가 옥사를 일으키지 않을 리 없었다. 천주교를 일찍이 배교했는데도 천주교도로 몰려 파란만장한 삶을 살았다.

다산은 1836년 2월 22일당시 양력 4월 7일 결혼 60주년일인 회혼일에 75세로 운명했다. 다산은 시 1,195편 2,263수규장각본 『여유당집』와, 천하 국가를 위할 수 있는 본말을 구비한 수기지학修己之學인 육경사서六經四書와, 치인지학治人之學인 일표이서一表二書인 『경세유표』, 『목민심서』, 『흠흠신서』를 비롯한 542권의 저서 『여유당전서』를 남겼다.

## 3. 다산의 벼슬 11년간 업적

다산이 벼슬한 것은 28세1789, 정조 13부터 38세1799, 정조 23까지 11년이다. 다산은 정조의 지극한 신임을 받았으나 공서파攻西派의 집요한 공격으로 벼슬 생활 11년간이 편안하지 못했다. 그러나 벼슬하는 동안 공렴公廉을 철저하게 지켰다. 벼슬 11년간의 주요 업적을 요약한다.

첫째, 배다리 건설에 참여

다산은 배다리 전문가로 주교舟橋의 설계에 참여했다. 1789년 12월에 정조는 배다리를 관리할 관청인 주교사舟橋司를 설치했다. 사도세자의 묘소인 현륭원顯隆園을 수원에 조성한 이후 정조는 매년 1회 이상 참배하기 위해 한강을 건넜다. 1789년 10월에 정조는 한강 뚝섬에 배다리를 건설했다. 경기도 양주 배봉산현재 서울시립대 부근에 있던 아버지 사도세자의 묘소를 수원으로 옮기면서 상여가 한강을 건너가기 위해서였다. 정조는 재위 24년 동안 66회나 행차했는데, 가장 많이 간 곳이 아버지 묘소가 있는 수원으로 총 13회였다. 다산의 「자찬묘지명」을 보면, "정조가 기유년1789, 다산 28세 겨울 주교의 역사에 정약용이 그 규제規制, 설계안를 올려 일을 이루었으니, 그를 불러 집에서 성곽제도에 대해 조목별로 지어 바치게 하라." 고 했다. 정조가 다산이 주교 역사에 기여한 것을 인정했다.

둘째, 성곽 건축가이자 발명가

다산은 발상의 전환으로 수원화성을 건설하는 데 크게 기여했다. 1792년에 정조는 다산에게 화성 성곽을 설계하라고 명했다. 과거에 합격한 지 3년차인 31세의 다산은 「수원성제水原城制」와 「기중가설도起重架設圖」를 올렸다. 그가 고안하여 제작한 거중기擧重機는 40근의 힘으로 무려 625배나 되는 25,000근의 무게를 들어올렸다以四十斤之力, 能動二萬五千斤之重.

다산의 거중기는 40근의 힘으로 무려 625배나 되는 25,000근의 무게를 들어올렸다

당시 거중기는 최첨단 건설 장비로 ① 건축 기간을 단축하고, ② 공사 비용을 크게 절약하고 ③ 공사 인력을 줄이는 데 크게 기여 했다. 수원 화성은 단 34개월중간의 6개월 정역停役을 생각하면 28개월 만에 완공하여 1796년 10월에 낙성연을 치렀다. 수원 화성과 같이 방대한 공사를 2년 반이라는 단기간에 끝낼 수 있었던 것은 다산이 개발한 건축 장비의 덕이었다. 1796년에 화성이 완공되자, 정조는 거중기를 써서 4만 냥을 절약했다면서 공적을 치하했다. 총 공사비 873,520냥이 소요된 수원 화성 공사에서, 4만 냥은 4.6%에 이르는 큰 금액이다. 수원 화성은 1997년 12월에 유네스코 세계문화유산으로 지정됐다. 이는 다산의 위대함이 재차 입증된 것이다.

셋째, 훌륭한 암행어사

다산은 33세1794, 정조 18 10월 27일 홍문관교리, 28일 홍문관부수찬과 노량별장겸장용영별아병장이 되었고, 10월 29일 경기 암행어사가 되어 적성현, 마전군, 연천현, 삭령군을 염찰하고 11월 15일에 복명했다. 전 연천현감 김양직金養直과 전 삭령군수 강명길康明吉의 비리를 논죄하여 처벌했다. 또한 후일 영의정을 지낸 서용보徐龍輔의 가인家人이 마전에 살고 있었는데 향교의 터를 정승집에 바쳐 묘자리를 삼고자 하여 거짓으로 "터가 좋지 않다"고 하고 고을의 선비들을 협박하여 학궁學宮을 옮기고 명륜당을 헐어버렸다. 이를 적발하고 처벌했다. 이로 인하여 서용보는 평생 다산을 질시하고 모살謀殺하고자 했다. 다산은 정조가 꽃을 피웠다면 서용보가 그 꽃을 무참히 짓밟았다고 할 수 있다. 암행어사의 임무를 마치고, "백성을 중하게 여기고 국법이 존중되어야 한다”以重民生 以尊國法고 복명했다.

넷째, 시인으로 조선후기 문단발전에 기여

다산은 학문이 연박淵博했던 정조와 문임제신文任諸臣들로부터 ‘문원의 기재’, ‘기재 시인’, ‘천재 시인’이라는 평을 받았다. 다산은 35세1796 때 초계문신 출신자들을 중심으로 문학 써클인 죽란시사竹欄詩社를 결성했다. 동인同人은 당시 제제명사인 30대 관료문인 15명으로 모두가 과거에 급제하여 관직에 있던 이들이다. 문신으로서 초계문신에 피선되는 것을 일대의 영광으로 여겼던 당시 사회에서, 죽란시사의 동인 중에서 초계문신 출신자가 9명에 이르렀다는 것은 귀족적 관료문인들의 시사이자 정조 시대의 문단을 대표하는 시사이다. 다산의 인문정신이 구현된 죽란시사의 시회詩會를 보자.

○ 정기적인 시회 ① 살구꽃이 피면 열고, ② 복숭아꽃이 피면 열고, ③ 여름에 참외가 익으면 열고, ④ 서쪽 연못에 연꽃이 피면 열고, ⑤ 국화꽃이 피면 열고, ⑥ 겨울에 큰 눈이 내리면 열고, ⑦ 세모에 화분에 매화가 피면 열었다.

○ 비정기적인 시회 ① 득남한 자가 열고, ② 지방관이 된 자가 열고, ③ 승진한 자가 열고, ④ 자제가 과거에 급제하면 열었다.

시회를 여는 동기가 매우 낭만적이고 운치가 있다. 죽란시사의 활동은

1800년 8월까지 4년 지속되었으나 다음해 신유사옥으로 다산이 유배되어 중단됐다.

다섯째, 훌륭한 목민관

다산은 36세 때1797, 정조 21 윤 6월에 동부승지에서 황해도 곡산도호부사가 되었다. 정조가 공서파攻西派의 공격에서 보호하기 위해서 곡산도호부사로 보냈다. 2년간 곡산도호부사로 재임하면서 10대 치적을 남겼다.

① 포척布尺을 바로잡아 중간협잡 방지, ② 물가 안정책으로 백성들의 고통 제거, ③ 농가마다 송아지를 기르게 한 축산장려 정책실시, ④ 창곡倉穀의 이용을 고르게 하기 위해 일시에 수송 분배, ⑤ 호적, 경계經界, 첨정簽丁 등 사무정리, ⑥ 호포戶布 남용 시정, ⑦ 천연두와 홍역 치료책인 『마과회통』 저술, ⑧ 청나라 사신 영접외교 업무 수행, ⑨ 도내 수령들의 장부臧否, 善惡의 염찰, ⑩ 도내의 의옥疑獄을 심리 판결 등

다산은 지방행정의 달인이자 목민관의 전범典範이었다. 곡산부사의 경험은 후일 공직자의 교과서인 『목민심서』와 『흠흠신서欽欽新書』를 저술하는 기초가 되었다.

여섯째, 명재판관

다산이 동부승지 벼슬에서, 황해도 곡산부사로 발령난 것은 36세 때인 1797년정조 21 윤6월 2일이다. 그가 부임 전에 곡산의 농민 이계심李啓心

이 주동한 큰 시위가 있었다. 삼정의 문란이 만연하던 당시, 전관前官 때에 포수보砲手保 세금이 면포棉布 1필40자이었는데, 그 값이 9백 전錢이라 하고 돈으로 징수했다. 당시 면포 1필이 200전인데 무려 450%를 올려 900전을 징수한 것이다. 세금이 아니라 약탈이었다. 그러자 이계심은 백성 1,000여 명을 이끌고 곡산 관아에 거세게 항의했다. 시위는 폭력적으로 해산되었고, 그는 수배자가 되었다. 그런데 다산이 곡산부사로 부임하는 길목에 이계심이 갑자기 나타나 백성을 괴롭히는民瘼 10여 조목을 적은 문서를 전달하고 자수했다. 관졸들이 포박하려 하자, 다산은 이렇게 판결했다.

> "그러지 말라. 이미 자수했으니 스스로 달아나지는 않을 것이다."하고, 무죄 석방하면서 말했다. "관이 현명하지 못한 까닭은 백성이 자신을 위한 계책을 잘하여 폐단을 들어 관에 대들지 않기 때문이다. 너 같은 사람은 관에서 천금千金으로 사들여야 할 것이다."鏞曰, 毋. 旣首不自逃也. 旣而釋之曰, 官所以不明者 , 民工於謀身 , 不以瘼犯官也. 如汝者 , 官當以千金買之也. *다산의 「자찬묘지명」*

① 관청이 현명하지 못한 것은 백성들이 자신을 보호하느라, 관청의 불법과 횡포에 저항하지 않기 때문이라고 진단했다. ② 백성들은 관청의 잘못을 바로잡기 위해 불의에 저항하라는 것은 요즈음 말로 "올바른 시민정신"을 고취한 것이다. ③ 불의와 부패腐敗한 권력에 저항한 이계심을 "관

청에서는 천금을 주고 사들여야 한다"는 것은 민의를 정부가 수용하라는 것이다. 놀라운 사상이자 명판결이다.

일곱째, 명의名醫

다산은 곡산부사 재직 시인 1797년 겨울에 홍역을 치료하는 의학서인 『마과회통麻科會通』 12권을 완성했다. 이때 이미 그는 4명의 자녀를 잃었다. 즉 첫 아이인 딸은 생후 4일 만에, 3남인 구장과 2녀인 효순이와 4남인 삼동이 천연두를 앓다가 요절했다. 이런 참척을 당했던 그는 연구를 거듭하여 『마과회통』을 완성했다. 이 책의 서문에서, 이몽수李蒙叟, 名獻吉는 홍역 치료에 뛰어나 수많은 어린아이를 살렸는데, 자신도 그의 치료를 받아 살아났다고 밝혔다. 그는 이몽수의 책을 가져다가 근원을 찾고 근본을 탐구한 다음 중국의 마진痲疹에 관한 책 수십 종을 구해서 조례를 갖추고 세분하여 일목요연하게 편찬하여 이용에 편리토록 했다. 다산이 홍역으로 죽어가는 어린 생명들을 구하고자 심혈을 기울여 무려 다섯 차례나 초고를 바꾼 뒤에 책을 완성하였다고 한 것만을 보더라도 참척을 당한 아픔이 얼마나 깊었던가를 알 수 있다. 한편, 다산은 생명의 은인의 전기인 「몽수전」를 남겨 이몽수의 은혜에 보답하였으니 아름다운 일이다.

여덟째, 명수사관

다산은 38세1799 때인 4월 24일에 병조참지, 5월 4일에 동부승지, 5월 5일 형조참의가 되었다. 당시 죄수 함봉련咸奉連이란 이가 살인사건에 연루되어 7년 동안 옥살이를 하고 있었다. 임금이 "의심스러운 옥사이니 자세히 살펴서 논계論啓하도록 하라."고 했다. 다산은 처음 조사한 문서를 가져다가 잘못된 점을 지적하고 함봉련이 억울하게 감옥에 갇혀 있음을 밝히니, 임금이 그날로 즉시 함봉련을 무죄 석방하고 그 문서를 불태워 버리도록 했다. 함봉련이 대로에서 칼枷을 벗고 춤추며 돌아갔다. 7년 미제사건을 단숨에 해결한 명수사관이었다.

이외에도 11년간 벼슬 하는 동안 정조의 문예부흥 정책의 일환인 서적 간행에 참여하여 『오경백선五經百選』, 『두시杜詩』, 『사기영선史記英選』 등을 교정하는 업적을 남겼다. 다산은 배다리 설계, 성곽 건축가이자 발명가, 명암행어사, 풍류가 있는 시인, 훌륭한 목민관, 명재판관, 명의, 명수사관 등 업적을 남겼다. 이런 재직 시절의 큰 업적은 공렴公廉했고 과학적이고 창조적인 융합사상을 가졌기 때문이다.

## 4. 다산의 도덕성과 청렴

다산은 『목민심서』에서 목민관에게 청렴을 강조했다. 다산은 어떠한 삶을 살았기에 당당하게 목민관들에게 청렴을 강조했을까? 다산은 도덕적 완전주의자Moral perfectionist였다. 다산의 도덕성과 청렴의 세계를 보자.

① 다산 부인 홍혜완洪惠婉, 1761~1838은 훔친 호박죽을 먹지 않았다. 다산이 성균관에서 공부할 때23세, 1784이다. 성균관에서 장마로 10일 만에 집에 와 보니, 어린 여종이 부인 홍혜완에게 회초리를 맞고 있었다. 당시 부인은

24세였고, 장남 정학연1783. 9. 12생이 아직 돌도 안 된 아기였다. 식량이 떨어지자 어린 여종이 굶고 있는 주인마님과 젖먹이 아기에게 충성하려고 이웃집 호박을 훔쳐다가 죽을 끓여 드렸으나 부인은 먹지 않았다. 오히려 누가 호박을 도둑질을 하랬느냐고 여종에게 회초리를 쳤다. 다산은 훔친 호박으로 끓인 죽을 먹고 호박 주인에게 사실대로 말할 것이니 여종 아이를 꾸짖지 말라고 했다. 이를 노래한 시 「남과탄南瓜嘆」의 일부를 보자.

만 권 서적 읽었으나 어찌 아내가 배부르리오　破書萬卷妻何飽
밭 두어 이랑 있었던들 여종은 깨끗했을 텐데　有田二頃婢乃潔

이 시에는 가난한 청년 다산의 고뇌와 지적 갈등과 정직함이 형상화되어 있다. 만 권의 책을 독파했으나 그것으로는 사랑하는 아내를 굶주림에서 벗어나게 할 수 없음을 괴로워하며 밭이 두어 이랑만 있었던들 어린 여종이 도둑질을 하지 않아 깨끗했을 것이라고 한탄했다. 이 시에서 다산 부인 홍혜완의 깨끗한 인품이 나타나 있다. 이런 부인의 고매한 인품과 청렴淸廉, Integrity이 있었기에 다산은 18년의 엄혹한 유배를 이겨 낼 수 있었고, 조선후기 실학을 집대성할 수 있었다. 부인은 요즘말로 "내조의 여왕", "내조의 달인"이다. 젊은 날의 부끄러운 초상을 시로 형상화한 용기와 고백에서 실학을 집대성한 학자이기 전에 인간 다산의 진솔한 모습을 만나게 된다. 다산시가 우리의 가슴을 아리게 하는 것은 티끌 만한 가식이 없고 청징淸澄함이 내재되어 있기 때문이다.

② 다산은 기생들과 놀아서 아들이 죽었다고 자책했다. 다산이 30세 1791 때이다. 진주목사인 아버지 정재원丁載遠을 찾아뵈었을 때인 4월에 3남 구장懼牂이 세 살로 요절하자, 자신의 방탕한 생활로 아들을 잃는 재앙을 받았다고 시 「억여행億汝行」에서 아래와 같이 자책했다.

| | |
|---|---|
| 네가 병마와 싸우며 고통을 받을 때 | 曩汝苦痛楚 |
| 아버지는 즐겁게 질탕히 놀았느니라 | 我方愉佚宕 |
| 북 치면서 푸른 남강서 뱃놀이 하고 | 撾鼓綠波中 |
| 기생들 이끌고 촉석루에서 놀았노라 | 攜妓紅樓上 |
| 방탕했으니 재앙 받는 것 마땅한 일 | 志荒宜受殃 |
| 어찌 너를 잃는 벌 면할 수 있겠는가 | 惡能免懲創 |

어린 아들이 병마와 싸우면서 신음하고 있는 줄 모르고 진주 촉석루와 남강에서 기생들과 놀았기 때문에, 하늘이 노해서 아들이 죽는 벌을 내렸다고 자책했다. 기생들과 놀았다고 하늘이 어린 자식을 죽게 한다면, 이 세상 아버지 중에서 몇 명이나 자식을 키울지 모르겠다.

③ 다산은 유배지에서 단벌 신사였다. 갈아입을 옷이 없어 137일간 같은 옷을 입었다. 1801년 신유사옥으로 2월 27일 경상도 장기로 유배를 떠났다. 황사영 백서사건으로 같은 해 10월 20일 장기에서 서울로 압송됐다.

황사영 백서사건과 무관함이 밝혀졌으나 11월 5일 출옥되어 전라도 강진으로 유배됐다. 다산이 유배 2년차인 1802년 2월 17일에 두 아들에게 쓴 편지答二兒를 보자.

> 내가 입고 있는 옷은 지난해 10월 1일에 입은 것이니 어찌 견딜 수 있겠느냐. 2월 17일 씀吾所著衣, 乃去年十月初一日所服, 豈可堪耶. 二月 十七日.

다산은 1801년 음력 10월 1일 장기 유배지에서 입은 옷을, 강진 유배지에서 이 편지를 쓴 1802년 2월 17일까지 무려 4개월 17일간인 137여 일을 입고 있었다. 겨울옷을 봄까지 입었다. 얼마나 괴로웠을까? 이 편지가 오고가서 고향에서 봄옷이 도착할 때까지 150여 일5개월 동안 단벌 선비였다. 5개월을 옷 한 벌로 지낸 유배생활의 곤고함이 눈물겹다. 유배의 신산辛酸함이 이렇다.

④ 다산은 유배지에서 자식교육으로 내일을 도모했다. 다산이 강진에 유배된 지 2년차인 1802년 4월에 장남 정학연은 처음으로 찾아왔다. 두 번째 찾아간 것은 3년 후인 1805년 10월인데 이때 다산이 쓴 시 「學稼來 携至寶恩山房有作」를 보면 눈물겹다. 아들이 금년에 마늘을 심었더니 "마늘 크기가 배만해서葫蒜大如梨" 산골 시장에 마늘을 내다 팔아 돈으로 노자를 했다는 말을 듣고 처절하여 더 이상 묻지 않았다. 3년 만에 부자 상봉의 기쁨은 잠시뿐이었다. 아들의 거처와 식사를 해결할 길이 없어 부자가 보은산방寶恩山房, 高聲

寺에 찾아갔다. 혜장선사惠藏禪師의 배려로 보은산방에서 겨울 한철을 머물면서 아들에게 『주역』과 『예기』를 가르치며 내일을 기약했다.

| | |
|---|---|
| 사람의 삶은 약한 풀과 같은 것인데 | 人生如弱草 |
| 하물며 유배로 쇠약하고 피폐해졌다 | 況乃劇衰疲 |
| 풀 위의 이슬처럼 해 뜨면 마르나니 | 草露一朝晞 |
| 이 뜻을 아는 자들이 누구란 말인가 | 此意知者誰 |
| 내 지금 주역과 예기를 가르쳐 주니 | 吾今授汝讀 |
| 집에 돌아가 네 아우 스승이 되거라 | 歸爲汝弟師 |

다산은 유배의 역경 속에서도 아들 교육을 포기하지 않고 내일을 기약한 아버지였다. 이때 아들을 교육시키며 주고받은 내용을 정리한 『승암문답僧庵問答』 52조가 있다.

⑤ 다산의 둘째 아들은 8년 만에 아버지를 만났다. 다산의 청빈함을 알 수 있는 시가 또 있다. 「농가월령가」의 작가로 알려진 차남 정학유丁學游, 1786~1855는 8년 만에 처음으로 아버지를 찾아 강진 유배지에 갔는데「四月二十日 學圃至相別已八周矣」 1808년 4월 20일이었다.

| | |
|---|---|
| 용모는 내 아들이 분명한데 | 眉目如吾子 |
| 수염이 나 다른 사람 같구나 | 鬚髥似別人 |
| 집 소식 비록 가지고 왔지만 | 家書雖帶至 |

아직도 내 아들인가 못 믿네　　　猶未十分眞

다산이 1801년 유배되던 해에 차남 정학유는 15세였다. 8년이 지나 수염이 난 23세의 아들을 보고 아들인지 믿지 못하겠다고 유배의 아픔을 핍진하게 형상화했다.

⑥ 다산은 꿈에서도 미인의 유혹을 물리쳤다. 다산은 유배 9년째가 되는 1809년48세 11월 6일 다산초당에서 자고 있었다. 꿈에 미인이 나타나 자신을 유혹했다. 마음의 동요가 있었으나 손 한번 잡지 않고 바로 물리치고, 시 한 수를 지어 주고 고이 돌려보냈다. 꿈을 깨고 나서 미녀에게 써준 시를 시집에 기록했다.

눈 덮인 산속 깊은 곳에서 한 송이 꽃이　　　雪山深處一枝花
복숭아꽃과 붉은 비단처럼 아름다워라　　　爭似緋桃護絳絲
내 마음 이미 금강석과 쇠가 되었는데　　　此心已作金剛鐵
풍로가 있다한들 어찌 내 마음 녹이리　　　縱有風爐奈如何

다산이 꿈속에서 미인의 유혹을 뿌리친 것은 평상시의 내면세계가 극기와 결백성, 도덕성으로 무장되어 있었기 때문이었다. 다산은 꿈속에서도 도덕적 완전주의를 실천했다. "평소의 삶"과 "꿈속의 삶"의 세계는 자기 완성으로 일원적一元的이었다. 표리가 일치했다. 이런 도덕적 완전주의를 추구한 삶과 철학이 있었기에 『목민심서』에서 목민관들에게 청렴을 요구할 수 있었고, 낡고 병든 나라를 혁신할 수 있는新我之舊邦 개혁안을 제시할 수 있었다.

⑦ 다산은 아들에게 근검勤儉 2자를 유산으로 주었다. 다산이 유배 10년차인 1810년 9월 두 아들에게 보낸 가계家誡를 보면 청빈함을 알 수 있다.

> 내가 벼슬은 했으나 너희들에게 물려줄 전답은 없고 오직 두 글자의 부적이 있으니 이는 삶을 넉넉히 하고 가난을 구제할 수 있기에 너희들에게 주노니 너희들은 야박하다고 하지 말거라. 한 글자는 부지런할 勤근자요, 또 한 글자는 검소할 儉검자이다. 이 두 글자는 좋은 전답이나 비옥한 토지보다 나은 것이라서 일생 동안 수용해도 다 쓰지 못할 것이다.

다산은 11년간 벼슬을 했으나 청렴하여 자식들에게 물려줄 전답이 없었다. 가난했던 그는 "勤儉근검" 2자만을 자식에게 유산으로 남긴다는 청빈한 생활이었지만 정신세계는 청징했다.

⑧ 다산은 혹독한 유배를 살면서도 정도正道를 걸었다. 다산은 강진으로 유배된 지 10년이 되던 1810년 봄에 장남 학연당시 27세이 의원醫員이 되었다는 소식을 듣고 대노했다.

> 네가 갑자기 의원이 되었다는데 무슨 뜻이냐? 무슨 이익이 있는 것이

냐? 네가 그 의술을 빙자해서 요즘의 재상들과 교의交誼를 맺어 너의 아비가 죄에서 풀려날 수 있도록 도모하려는 것이냐? 옳지 못한 일일 뿐만 아니라 또 할 수도 없는 일이다. …중략… 뒤의 일은 나에게도 귀가 있으니 만약 그걸 고치지 않는다면 살아서는 왕래도 하지 않을 뿐만 아니라 죽어서 눈을 감지도 않을 것이니 너는 생각해서 하라. 나는 다시 말하지 않겠다示學淵家誡.

다산이 아들에게 보낸 서간 26통과 가계 9통 중에서 이 글의 내용이 가장 격렬하다. 의술을 빙자하여 재상들과 사귀어 아버지를 유배에서 풀려나게 하려는 것은 옳지 못하다고 했다. 의사 노릇을 매개로 하여 정치적 실세들에게 아버지가 유배에서 풀려나도록 로비해서는 안 된다는 것이다. 재상들에게 청탁하여 유배에서 풀려나지 않겠다는 의지를 확인할 수 있다. 다산은 정도를 걸었다. 의원 노릇을 하는 것과 한량 잡배와 교유하는 일을 "고치지 않는다면 살아서는 왕래도 하지 않을 뿐만 아니라 죽어서 눈을 감지도 않을 것이니 너는 생각해서 하라. 나는 다시 말하지 않겠다."고 강한 톤으로 질책하였다. 의원을 계속하면 부자의 인연을 끊겠다는 메시지이다.

다산의 청렴사상은 시공을 초월하여 계승 발전시켜야 할 아젠다Agenda이다.

## 5. 『목민심서』 저술 이유와 편제

### 1) 『목민심서』 저술 이유

다산은 『목민심서』, 「곡부穀簿」에서 탐관오리들이 기기묘묘한 방법으로 착취하기 때문에 백성들의 고통이 이루 말할 수 없었다고 증언했다.

> 내가 다산초당에 거처하면서 창고로 가는 길을 내려다보기를 이제까지 10년인데 시골 백성들이 곡식 섬을 받아 지고 지나가는 자를 일찍이 본 일이 없다. 한 톨의 곡식도 일찍이 받아온 일이 없는데도 겨울이 되면 가호마다 곡식 5, 6, 7섬을 내어 관창官倉에 바치는데, 그러고서도 다시 환자還子라고 부르는 것은 또한 부끄럽지 않은가.

백성들이 춘궁기인 봄에 관가에서 곡식을 한 톨도 꿔온 것을 한 번도 본 적이 없는 데, 추수가 끝나면 집집마다 곡식을 5~7섬을 지고 가서 관가 창고에 바치는 것을 보고 큰 충격을 받았다.

다산은 『목민심서』에서 환곡제도還穀制度의 부패상을 고발했다. 목민관인 수령들이 백성들 착취 방법이 대략 6가지가 있고, 아전들이 백성들 착취 방법이 대략 12가지가 있다고 했다.

○ 수령의 착취 방법 6가지

① 번질反作, ② 가분加分, ③ 허류許留, ④ 입본立本, ⑤ 증고增估 ⑥ 가

집加執

○ 아전의 착취 방법 12가지

① 번질反作, ② 입본立本, ③ 가집加執, ④ 암류暗留, ⑤ 반백半白, ⑥ 분섬分石, ⑦ 집신執新, ⑧ 탄정呑停, ⑨ 세전稅轉, ⑩ 요합徭合, ⑪ 사혼私混, ⑫ 채륵債勒 [①번질反作의 反은 번, 作은 질로 읽음. 공통 착취 방법 번질反作, 입본立本, 가집加執임]

다산은 『목민심서』 서문에서 목민관들이 백성들 착취에 급급할 뿐 다스릴 줄 모른다고 슬퍼했다.

> 지금의 목민관들은 이익을 추구하는 데만 급급하고 어떻게 백성을 다스려야 할 것인지는 모르고 있다. 이 때문에 백성들은 곤궁하고 피폐하여 서로 떠돌다가 굶어죽은 시체가 구렁텅이에 가득한데도 지방 장관들은 한창 좋은 옷과 맛있는 음식으로 자기만 살찌우고 있으니, 어찌 슬픈 일이 아니겠는가.

다산은 목민관들이 백성들이 굶어죽어 시체가 구렁텅이에 가득한데도 이를 외면하고 호의호식한다고 개탄했다. 다산은 목민관의 인성과 행정의 선악善惡 여하에 따라 백성들의 삶의 질이 달라지기 때문에 유배지에서 자신의 안위보다 우국의 일념에서 목민관이 선정善政을 할 수 있는 『목민심서』를 집필했다.

1817년 『방례초본邦禮艸本』즉 經世遺表경세유표 저술을 중단하고, 『목민심서』 48권를 집필하여 귀양을 온 지 18년이 되던 1818년 봄 다산초당에서 완성했다. 이 책은 다산이 경기도 암행어사와 황해도 곡산부사 시절 몸소 실천한 행정 경험과, 삼정의 문란으로 고통받던 민초Gassroots들의 고난에 찬 삶과 아픔을 광정匡正하기 위해서 저술했다.

다산은 백성을 다스리는 것이 바로 목민이라治民者, 牧民也.고 했다. 책 이름을 "『목민심서』라고 한 것은 무슨 까닭인가. 백성을 다스릴 마음은 있으나 몸소 실행할 수 없기 때문에 이렇게 이름한 것이다" 라고 했다. 다산은 목민관이 되고 싶었으나 유배 죄인이라 할 수 없었다. 만일 목민관이 된다면牧 백성들民을 이렇게 다스리겠다는 마음속心에 있는 것을 썼기書에 책 이름을 『목민심서』라고 했다.

### 2) 『목민심서』의 편제

다산은 『목민심서』 서문에서 "고려 말기에 비로소 5사五事로 수령들을 고과考課하였고, 조선에서도 그대로 하다가 뒤에 7사七事로 늘렸다"고 했다. 이를 보자.

○ 고려시대 목민관의 책무 5사五事

① 전야를 넓히고田野闢 ② 호구를 늘리고戶口增 ③ 부역을 고르게 하

고賦役均 ④ 송사를 간편하게 하고詞訟簡 ⑤ 도적이 일어나지 않게 하는 것盜賊息 *고려 우왕禑王 원년1375의 수령 5사五事*.

○ 조선시대 목민관의 책무 7사七事

① 농상을 진흥시키고農桑盛 ② 호구를 늘리고戶口增 ③ 학교를 일으키고學校興 ④ 군정을 잘 닦고軍政修 ⑤ 부역을 고르게 하고賦役均 ⑥ 송사를 간편하게 하고詞訟簡 ⑦ 간사하고 교활한 자를 없애는 것奸猾息.

다산은 수령의 5사五事와 7사七事는 "수령이 해야 할 일의 대강만을 들은 것"이라 했다. 이어서 "수령이라는 직책은 관장하지 않는 일이 없으니 여러 조목을 열거하여도 직책을 다하지 못할까 두려운데, 하물며 스스로 고찰하여 스스로 시행하기를 기대할 수 있겠는가" 라고 했다. 즉 수령의 5사와 7사로는 안 된다는 것이다. 그래서 시대가 변하고 사회가 변한 만큼 목민관의 책임과 의무를 논리적이고 체계적으로 세분화한 『목민심서』를 저술했다.

『목민심서』는 총 12강綱 72조條, 조마다 6목 652개 세목細目으로 구성됐다. 이 12강 중에서 ① 부임과 ② 율기律己와 ⑫ 해관은 수신윤리이고, 나머지는 치인윤리治人倫理이다. 이 강목綱目의 이름만 정확히 이해하면 수령의 직무와 책임을 알 수 있다. 각 목마다 다시 세목이 있는 데 모두 652개이다. 부임의 제배除拜는 4개 세목이, 해관의 유애遺愛는 11개 세목이 있다.

『목민심서』는 다산 경세학의 백미이다. 다산은 중국 역사서인 23사史와 우리나라 역사 및 문집 등 여러 서적에서 옛날 지방장관이 백성을 다스린 사적을 골라, 세밀히 고찰하여 이를 분류한 다음 차례로 편성했다.

풍부한 자료와 예화를 들어 위민 행정의 요결을 제시한 『목민심서』는 목민관으로 부임하는 것으로부터 시작하여 해관, 이임되어 이삿짐을 꾸리는 것으로 끝난다.

**<표-1> 『목민심서』의 편제: 12강綱 72조綱 652개 세목細目**

| 綱 | 目 | 1 | 2 | 3 | 4 | 5 | 6 |
|---|---|---|---|---|---|---|---|
| ① | 부임 赴任31 | 제배 除拜 임명받음4 | 치장 治裝 부임행장3 | 사조 辭朝 왕께 하직 인사6 | 계행 啓行 부임행차5 | 상관 上官 취임4 | 이사 莅事 실무처리9 |
| ② | 율기 律己66 | 칙궁 飭躬 단정한 몸가짐12 | 청심 淸心 청렴한 마음 18 | 제가 齊家 가정을 다스림13 | 병객 屛客 청탁을 물리침6 | 절용 節用 씀씀이의 절약10 | 낙시 樂施 베풀기 좋아함7 |
| ③ | 봉공 奉公59 | 선화 宣化 교화를 펼침8 | 수법 守法 법을 지킴6 | 예제 禮際 예의로 교제 13 | 문보 文報 공문서 작성 !4 | 공납 貢納 세금징수와 납부7 | 왕역 往役 차출 파견될 경우11 |
| ④ | 애민 愛民35 | 양노 養老 노인봉양7 | 자유 慈幼 유아를 돌보고 기름5 | 진궁 振窮 가난한 사람 구제4 | 애상 哀喪 상을 당한 이 보살핌6 | 관질 寬疾 병든 이들 돌봄7 | 구재 救災 재난구재6 |
| ⑤ | 이전 吏典52 | 속리 束吏 아전단속18 | 어중 馭衆 부하통솔5 | 용인 用人 사람쓰기9 | 거현 擧賢 인재 천거6 | 찰물 察物 물정 살핌10 | 고공 考功 인사고과4 |
| ⑥ | 호전 戶典104 | 전정 田政 토지행정12 | 세법 稅法 세법22 | 곡부 穀簿 환곡장부23 | 호적 戶籍 호적11 | 평부 平賦 부역공평24 | 권농 勸農 농사권장12 |
| ⑦ | 예전 禮典48 | 제사 祭祀 제사10 | 빈객 賓客 손님접대10 | 교민 敎民 백성교육9 | 흥학 興學 교육진흥7 | 변등 辨等 신분구별6 | 과예 課藝 과거공부 권장6 |
| ⑧ | 병전 兵典38 | 첨정 簽丁 병무행정10 | 연졸 練卒 군사훈련8 | 수병 修兵 병기관리3 | 권무 勸武 무예권장4 | 응변 應變 비상사태 대비7 | 어구 禦寇 외침방어6 |

| 綱 | 目 | 1 | 2 | 3 | 4 | 5 | 6 |
|---|---|---|---|---|---|---|---|
| ⑨ | 형전 刑典88 | 청송 聽訟 송사심리19 | 단옥 斷獄 형사사건판결 18 | 신형 愼刑 신중한 형벌 10 | 휼수 恤囚 죄수를 구휼 11 | 금폭 禁暴 횡포의 금지13 | 제해 除害 피해를 제거 17 |
| ⑩ | 공전 工典48 | 산림 山林 산림행정15 | 천택 川澤 수리사업9 | 선해 繕廨 관아수리6 | 수성 修城 성곽수리6 | 도로 道路 도로관리5 | 장작 匠作 물품제작7 |
| ⑪ | 賑荒 진황51 | 비자 備資 구호물자 비축11 | 권분 勸分 재해구제 권장10 | 규모 規模 진휼대비 계획7 | 설시 設施 구호시설 확충10 | 보력 補力 민생안정 강구7 | 준사 竣事 흉년구제 결산6 |
| ⑫ | 해관 解官32 | 체대 遞代 벼슬의 교체5 | 귀장 歸裝 돌아가는 행장4 | 원류 願留 수령 유임을 청원7 | 걸유 乞宥 수령 죄 용서청원1 | 은졸 隱卒 재직 중 사망4 | 유애 遺愛 떠난 후에도 사모함11 |

※ 안의 숫자는 세목임

## 6. 『목민심서』의 공렴사상

공자孔子의 『논어』를 1자로 요약한다면 어질 "仁"인자이고, 『성경』을 1자로 요약한다면 사랑 "愛"애자이고, 『불경』을 2자로 요약한다면 "慈悲"자비이고, 공직자의 교과서인 다산의 『목민심서』를 2자로 요약한다면 "公廉"공렴이라고 할 수 있다.

공렴은 ① 성품과 행실이 공정하고 ② 청렴하며 ③ 강직함을 뜻한다. 청렴淸廉, Integrity은 ① 성품과 행실이 고결하고 ② 탐욕이 없는 것이다. 공렴은 공직자의 의무이다. 부패와 동침同寢하지 않고 깨끗하다고 해서 책임과 의무를 다한 것이 아니다. 업무에서 망국적이고 반민주적인 ① 편 가르기와 ② 이중잣대와 ③ 내로남불을 하면 부패Corruption보다 그 피해가 더 크다. 즉 공렴이 무너지면 수많은 국민들이 큰 피해를 당하고 국격이 추락하게 된다. 공렴이 무너지면 나라도 무너진다. 우리 대한민국은 임시정부의 법통을 계승하여 건국한 지 77년2025이 되었다. 언제까지 청렴타령을 해야 하는가? 이제는 청렴을 졸업하고 공렴으로 가야한다. 공직자는 공렴을 실천하는 것이 시대정신Zeitgeist이다.

다산은 28세1789, 정조 13 1월 27일 문과에 급제한 후 공직자로서 "무능해서 임무 수행 어렵겠지만鈍拙難充使/ 공렴으로 정성 다해 충성하리라公廉願效誠"라고 자신과 약속했다. 11년간 벼슬하는 동안 이 약속, 공렴을 철저하게 지켰다.

서양사회를 지탱해온 것이 "기사도 정신"이라면, 동양사회를 지탱해온 정신적 근간은 "선비정신"이라고 할 수 있다. 선비 "士"사자는 열 "十"십자에 한 "一"일자를 플러스+한 자이다. 선비 "士"자의 뜻은 十명이 공부를 해도 한一 사람만이 선비가 될 수 있다는 뜻으로 볼 수 있다. 그래서 선비는 9명이 말하지 못하는 것을 말해야 하고九人, 不言, 言 9명이 행동하지 못하는 것을 행동하는九人, 不行, 行 사람인 것이다. 그런 만큼 선비는 도덕적으로 9명보다 우위에 있어야 한다. 그 대쪽 같은 고결한 선비정신이 청백리 문화를 탄생시킨 것이다. 청백리는 이 선비정신을 대쪽같이 지킨 분들이다.

송나라 범중엄范仲淹, 989~1052은 「악양루기岳陽樓記」에서, "선비는 천하 사람들이 근심하기에 앞서 근심하고先天下之憂而憂 천하 사람들이 즐거워한 뒤에 즐거워한다後天下之樂而樂歟"고 했다. 이 선우후락先憂後樂은 천하의 명언이다.

다산은 『목민심서』에서 공직생활의 3자字의 비결은 ① 청淸, ② 신愼, ③ 근勤이라고 하였다. 『목민심서』의 「청심淸心」에서 "우리 조선에 청백리로 뽑힌 자가 통틀어 110명인데, 태조 이후에 45명, 중종 이후에 37명, 인조 이후에 28명이었다. 경종 이후로는 드디어 이렇게 선발하는 것조차 끊어지고 나라는 더욱 가난해지고 백성은 더욱 곤궁하게 되었으니 어찌 한심하지 않겠는가. 4백여 년 동안에 벼슬한 자가 천 명이나 만 명인데 그중에서 청백리로 뽑힌 자가 겨우 이 숫자에 그쳤으니 역시 사대부의 수치가 아니겠는가."라고 했다.

다산은 실학자답게 『상산록象山錄』을 인용하여 청백리를 3등급으로 나누어 설명하였다.

> 첫째, 최상의 청백리는 ① 봉급 이외에는 일체 먹지 않고, ② 먹고 남은 것도 집으로 가지고 가지 않으며, ③ 벼슬을 그만둘 때 아무것도 가지고 가지 않고 한 필의 말을 타고 집으로 시원스럽게 가는 것이니, 이것이 옛날에 말하는 청렴한 관리廉吏이다.
>
> 둘째, 다음 청백리는 ① 봉급 이외에 명분이 바른 것은 먹고, ② 명분이 바르지 않은 것은 먹지 않으며, ③ 먹고 남은 것은 집으로 보내는 것이니 이것이 중고中古의 청렴한 관리이다.
>
> 셋째, 최하의 청백리는 ① 이미 규례規例가 있는 것은 비록 명분이 바르지 않더라도 먹지만, ② 규례가 없는 것은 죄를 먼저 짓지 않고, ③ 향임鄕任의 자리를 팔지 않으며, ④ 천재를 입은 전답에 세금을 감하는 재

감災減을 훔쳐 먹거나 곡식을 번롱하지 않고 ⑤ 송사訟事와 옥사獄事를 팔아먹지 않으며 ⑥ 조세를 더 부과하여 나머지를 착복 않는 것이니 이것이 오늘날 말하는 청렴한 관리이다.

모든 악을 갖춘 자가 지금 도도한 대세를 이루고 있다. 능히 최상을 하는 것이 진실로 좋지만 능히 그렇게 할 수 없다면 오히려 그 다음 것을 해도 좋다. 소위 최하위에 해당하는 경우에는 옛날에 있어서는 반드시 삶아 죽이는 팽형을 당했을 것이다. 무릇 선을 좋아하고 악을 부끄럽게 여기는 자는 반드시 그렇게 하지는 않을 것이다.

다산은 실학자답게 청렴을 실천한 내용에 따라 청백리를 ABC 3등급으로 나누어 명쾌하게 설명하였다.

강효석姜斅錫의 『전고대방典故大方』한양서원, 1924을 보면, 조선왕조 519년간 청백리로 표창받은 이는 218명이다. 1392년 개국 이후 선조재위 1567-1608 때까지 216년간은 전기로, 이 기간 동안 청백리로 표창받은 이가 162명이고, 후기인 광해군재위 1608-1623 이후 1910년 조선이 망할 때까지 303년간 청백리는 56명에 불과하다. 청백리 숫자만 봐도 조선 전기는 후기보다 상대적으로 깨끗한 사회였다. 삼정의 문란과 탐관오리들이 들끓던 후기 303년 동안 청백리가 56명에 불과한 것은 공직 사회가 크게 부패했다는 것을 입증하는 것으로 결국 조선왕조는 망할 수밖에 없었다.

아래는 강효석의 『전고대방』에 수록된 청백리 218명의 명단을 정리한 것이다. 강효석은 청백리가 218명이라고 했으나 217명이 맞다. 선조조의 이직언李直彦과 이시언李時彦은 동일인이므로 217명이다[이직언의 비명碑銘에 "공公의 휘諱는 시언時彦이요 자字는 군미君美인데, 후에 피할 바가 있어 이름을 직언直彦이라 고치고 자호自號를 추천秋泉이다" 하였다.]

**<표-2> 조선왕조 청백리 218명 명단**

| 시대 | 재위 | 인원 | 청백리 명단 |
|---|---|---|---|
| 태조<br>太祖 | 1392~<br>1398 | 5 | 안 성安省, 우현보禹玄寶, 유 순柳珣, 길 재吉再<br>서 견徐甄 |
| 태종<br>太宗 | 1400~<br>1418 | 8 | 경 의慶儀, 이지직李之直, 김약항金若恒, 이백지李伯持,<br>최유경崔有慶, 이 원李原, 박서생朴瑞生, 최사의崔士儀 |
| 세종<br>世宗 | 1418~<br>1450 | 15 | 정 척鄭陟, 최만리崔萬理, 황 희黃喜, 유 관柳寬<br>맹사성孟思誠, 유 겸柳謙, 이석근李石根, 민불탐閔不貪<br>홍계방洪桂芳, 박팽년朴彭年, 이정보李廷俌, 이 지李知<br>황효원黃孝源, 유 염柳琰, 김 장金廧 |
| 세조<br>世祖 | 1455~<br>1468 | 7 | 노숙동盧叔仝, 정문형鄭文炯, 박 강朴薑, 이 언李堰<br>기 건奇虔, 곽안방郭安邦, 김종순金從舜 |
| 성종<br>成宗 | 1468~<br>1494 | 20 | 정성근鄭誠謹, 임 정林整, 성 현成俔, 허 종許琮<br>허 침許琛, 박 열朴說, 윤석보尹碩輔, 구치관具致寬<br>이 훈李塤, 이현보李賢輔, 김겸광金謙光, 안팽명安彭命<br>양 관梁灌, 박처륜朴處綸, 조지서趙之瑞, 민 휘閔暉<br>이신효李愼孝, 이 순李淳, 이약동李若東, 유 훈柳塤 |
| 중종<br>中宗 | 1506~<br>1544 | 35 | 정매신鄭梅臣, 조사수趙士秀, 최명창崔命昌, 권 빈權璸<br>김 무金碔, 조치우曹致虞, 오세한吳世翰, 송 흠宋欽<br>김 전金詮, 강숙돌姜叔突, 이선장李善長, 유 헌柳軒<br>이 화李樺, 김종직金宗直, 정갑손鄭甲孫, 정창손鄭昌孫<br>유 빈柳濱, 이숭원李崇元, 유희철柳希轍, 김 흔金訢<br>손중돈孫仲暾, 표 빈表斌, 조원기趙元紀, 양지손梁芝孫<br>김연수金延壽, 박 상朴詳, 윤사익尹思翼, 이철균李鐵均<br>이언적李彦迪, 김 정金淨, 유 찬兪僨, 한형윤韓亨允<br>신공제申公濟, 김양진金楊震, 어영준魚泳濬 |

| 시대 | 재위 | 인원 | 청백리 명단 |
|---|---|---|---|
| 명종<br>明宗 | 1545~<br>1567 | 45 | 정 연鄭淵, 윤 부尹釜, 이세장李世璋, 정종영鄭宗榮<br>안 현安玹, 박수량朴守良, 김 순金洵, 임호신任虎臣<br>임보신任輔臣, 홍 섬洪暹, 이 명李蓂, 이 영李榮<br>이몽필李夢弼, 홍 담洪曇, 성세장成世章, 윤춘년尹春年<br>윤 현尹鉉, 유 혼柳渾, 우세겸禹世謙, 박영준朴永俊<br>박민헌朴民獻, 이증영李曾榮, 김몽좌金夢佐, 이준경李浚慶<br>주세붕周世鵬, 김 개金鎧, 이 황李滉, 송 찬宋贊<br>허세린許世麟, 안 잠安潛, 김팽령金彭齡, 강윤권姜允權<br>오 상吳祥, 신 잠申潛, 김 우金雨, 이중경李重慶<br>안종전安從琠, 김 확金擴, 유언겸兪彦謙, 변훈남卞勳男<br>김약묵金若默, 노 진盧禛, 신사형辛士衡, 김취문金就文<br>송익경宋翼璟. |
| 선조<br>宣祖 | 1567~<br>1608 | 27 | 심수경沈守慶, 허 잠許潛, 이 기李墍, 이우직李友直<br>이원익李元翼, 류성룡柳成龍, 이항복李恒福, **이직언**李直彦<br>백인걸白仁傑, **이시언**李時彦, 최흥원崔興源, 장필무張弼武<br>안자유安自裕, 이제신李濟臣, 정곤수鄭崐壽, 김 수金晬<br>이광정李光庭, 이후백李後白, 심희수沈喜壽, 성 영成泳<br>허 욱許頊, 이유중李有中, 최여림崔汝霖, 김장생金長生<br>이기설李基卨, 오억령吳億齡, 김 행金行. |
| 인조<br>仁祖 | 1623~<br>1649 | 13 | 김상헌金尙憲, 김시양金時讓, 민여임閔汝任, 이안눌李安訥<br>김덕성金德誠, 이명준李命俊, 성하종成夏宗, 최진립崔震立<br>이시백李時白, 홍명하洪命夏, 신경진辛慶晋, 구곤원具坤源<br>김신국金藎國 |
| 숙종<br>肅宗 | 1674~<br>1720 | 22 | 이상진李尙眞, 조 경趙絅, 강백년姜栢年, 조석윤趙錫胤<br>류경창柳慶昌, 박신규朴信圭, 최 관崔寬, 이지온李之韞<br>성이성成以性, 이후정李后定, 조 연趙涑, 홍 무洪茂<br>홍우량洪宇亮, 강 열姜說, 이태영李泰英, 이세화李世華<br>강세구姜世龜, 윤 추尹推, 강유후姜裕後, 최경창崔慶昌<br>윤지인尹趾仁, 이 제李濟 |
| 경종<br>景宗 | 1720~<br>1724 | 6 | 류상운柳尙運, 송정규宋廷奎, 강석범姜錫範, 이명준李明俊<br>김두남金斗南, 이하원李夏源 |
| 영조<br>英祖 | 1724~<br>1776 | 9 | 허 정許晶, 이병태李秉泰, 윤 용尹容, 한덕필韓德弼<br>정형복鄭亨復, 최유현崔有賢, 윤득재尹得載, 이태중李台重<br>이겸진李謙鎭 |
| 정조<br>正祖 | 1776~<br>1800 | 2 | 이의필李義弼, 이단석李端錫, |

| 시대 | 재위 | 인원 | 청백리 명단 |
| --- | --- | --- | --- |
| 순조<br>純祖 | 1800~<br>1834 | 4 | 남이형南履炯, 서기순徐箕淳, 한익상韓益相, 심의신沈宜臣 |
| 누 계 | | 218 | 218 |

청백리는 조선왕조의 자존심이다. 청백리들은 나라와 백성들을 위해 올곧게 노블레스 오블리주Noblesse oblige를 실천하였다. 그러나 탐관오리는 나라와 백성을 배반하고 사복私腹을 채우느라 노블레스 말라드Noblesse malade의 길을 걸었다.

아래의 부자父子 청백리와 형제 청백리는 강효석의 『전고대방』에 있는 218명에서 필자가 확인한 것이다. 필자가 미처 확인 못한 부자 청백리와 형제 청백리와 조손祖孫들이 더 있을 것이다.

○ 부자 청백리

① 최유경崔有慶, 1343~1413 : 태조 때, 본관 전주, 호 죽정竹亭, 판한성부사.
최사의崔士儀, 1376~1452 : 세종 때, 최유경 아들, 판돈령, 시호 양도襄度.

② 정 척鄭陟, 1390~1475 : 세종 때, 본관 진주, 대제학, 시호 공대恭戴.
정성근鄭誠謹, 1446~1504 : 성종 때, 정척 아들, 직학直學, 해주목사.

③ 이제신李濟臣, 1531~1583 : 선조 때, 본관 전의, 호 청강淸江, 공조정랑.
이명준李命俊, 1572~1630 : 인조 때, 이제신 아들, 호 잠와潛窩, 형조참판.

④ 강유후姜裕後. 1606~1666 : 숙종 때, 본관 진주, 호 옥계玉溪, 의정부윤 .
강석범姜錫範, ? ~?, 미 상 : 경종 때, 강유후 장남.

⑤ 윤지인尹趾仁, 1656~1718 : 숙종 때, 본관 파평, 호 양강楊江, 병조판서.
윤 용尹 容, 1684~1746 : 영조 때, 윤지인 아들, 형조판서.

○ 형제 청백리

① 허 종許琮, 1434~1494 : 성종 때, 본관 양천, 이조판서, 시호 충정忠貞.
허 침許琛, 1444~1505 : 성종 때, 허 종 동생, 좌의정, 시호 문정文貞.
② 김 흔金訢, 1448~1492 : 중종 때, 본관 연안, 공조참판, 시호 문광文匡.
김 전金詮, 1458~1523 : 중종 때, 김흔 동생, 영의정, 시호 충정忠貞.
③ 임호신任虎臣, 1506~1556 : 명종 때, 본관 풍천, 한성부윤, 시호 정간貞簡.
임보신任輔臣, ?~1558 : 명종 때, 임호신 동생, 전라도암행어사, 형조참의.
④ 홍 섬洪暹, 1504~1585 : 명종 때, 본관은 남양, 영의정, 시호 경헌景憲.
홍 담洪曇, 1509~1576 : 명종 때, 홍섬 동생. 이조판서, 좌참찬.

이들은 조선왕조의 자존심이다. 우리 선조들은 노블레스 오블리주를 실천했다. 청백리의 아름다운 행적은 시공을 초월하여 사표가 된다. 글로벌 시대를 살고 있는 공직자는 아름다운 청백리 정신을 계승 발전시킬 책무가 있다. 청백리는 혼자서 되는 것이 아니다. 부인과 자식들도 청렴하게 살아야 될 수 있다. 청백리는 역사에 이름이 남지만, 고생을 함께하며 바르게 산 가족들의 이름은 잘 보이지 않는다. 청백리도 훌륭하지만 그 가족들도 훌륭하다.

다산은 "청렴은 천하의 큰 장사이다. 욕심이 큰 사람은 반드시 청렴하려 한다. 사람이 청렴하지 못한 것은 그 지혜가 짧기 때문이다."廉者, 天下之大賈也. 故大貪必廉. 人之所以不廉者, 其智短也라고 했고, 취임할 때와 이임할 때의 재산이 같으면 훌륭한 목민관이라고 했으며, "오직 선비가 청렴해야 하는 것은 처녀의 순결과 같다."고 하였다.

다산이 『목민심서』에서 청렴에 관하여 인용한 내용 중 일부를 보자. 송나라 나대경羅大經, 1196~1242은 『학림옥로鶴林玉露』「청렴」에서, "사대부가 돈 한 푼을 좋아하면 그의 값어치는 한 푼어치도 못된다."士大夫, 若愛一文, 不値一文.고 했다. 진여의陳與義, 1090~1138는 "종래 이름 있는 선비는 이름 없는 돈을 쓰지 않는다."從來有名士, 不用無名錢.고 했고, 양백자楊伯子는 "사대부가 청렴하면 그것으로 70%는 성취된 인간이다. 대개 공公 충忠 인仁 명明이 다 청렴에서 생긴다."고 했다. 명나라 풍몽룡馮夢龍, 1574~1646은 "천하의 한없는 못난 짓은 모두 돈을 버리지 못하는 데서 일어나고 천하의 끝없는 좋은 일은 모두 돈을 버리는 데 따라 이루어진다."고 했다. 명나라 정선鄭瑄은 사군자가 청렴해야 하는 것은 당연한 것이라고 말했다.

> 벼슬살이를 청렴하게 하는 것은 사군자士君子의 분수 안의 일이다. 청렴하기가 어려운 것이 아니라 그 청렴을 나타내지 않는 것이 어려운 것이며, 자기의 청렴함을 믿고 남을 얕보고 억누르지 않는 것이 더욱 어렵다.

정선이 청렴은 사군자의 당연지사로 청렴이 어려운 것이 아니라, 청렴을 나타내지 않는 것이 어려운 것이며, 자신의 청렴을 믿고 남을 얕보고 억누르지 않는 것이 더욱 어렵다고 했다. 천하의 명언으로 시공을 초월하여 공직자가 지켜야할 경구警句이다.

다산은 18년간 고난에 찬 유배생활을 하면서도, 민초들이 겪는 고초를 자아의 것으로 동일시하면서 낡고 병든 나라를 개혁하여 새로운 조선을 만들고자 일생 동안 치열하게 선명했다. 다산의 공렴사상을 요약한다.

첫째, 목민사상이다. 다산은 「원목原牧」에서, "목민관은 백성을 위하여 있는 것인가? 백성이 목민관을 위해서 생존하는 것인가? 백성이 곡식과 베를 바쳐서 목자를 섬기며 백성이 수레와 말과 종복을 내어서 목민관을 맞고 보내며 백성의 고혈을 짜내어 목민관을 살찌게 하니 백성이 목민관을 위하여 생존하는 것이 아닌가? 아니다. 아니다. 목민관은 백성을 위해서 존재하는 것이다"라고 했다. 공직자는 국민을 위해서 존재한다는 논리이다.

다산은 18세기 후반과 19세기 초반의 정치사회를 "살려야 할 사람을 죽음에 이르게 하고, 죽여야 할 사람을 살리고도 오히려 태연하고 편안하게 여긴다."或生而致死之, 亦死而致生之, 尙恬焉安焉.고 통탄했다. 그리고 "어느 것 하나라도 병들지 않은 것이 없어서 이를 고치지 않으면 반드시 나라가 망할 것인데 이를 어찌 충신과 지사志士가 팔짱끼고 방관할 수 있겠느냐."고 개혁 의지를 밝혔다.

<표-3> 다산의 공렴사상과 꿈

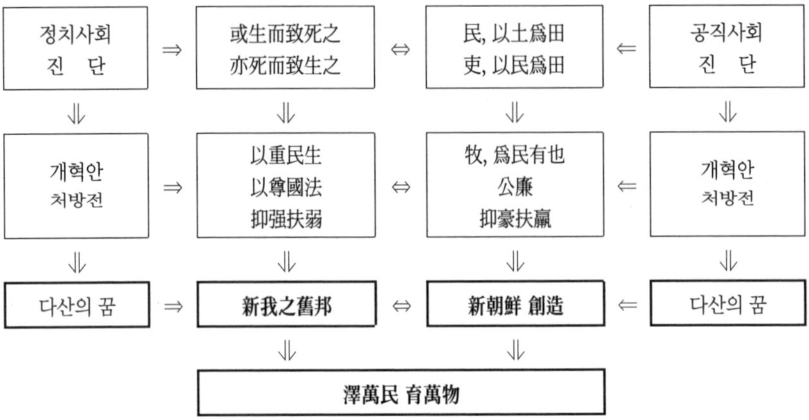


또한 공직사회를 "백성들은 땅으로 농토를 삼는데 관리들은 백성들로 전답을 삼는다民以土爲田, 吏以民爲田. 백성의 껍질을 벗기고 골수를 긁어내는 것으로써 농사짓는 일로 여기고 머릿수를 모으고 마구 거두어들이는 것으로써 수확하는 일을 삼는다."고 폭로했다. 부패한 정치사회를 개혁하기 위해서는 "백성을 중하게 여기고 국법이 존중되어야 한다."以重民生 以尊國法고 정조正祖에게 건의했고, 공직사회를 개혁하여 "공직자는 백성을 위해서 존재하는"牧爲民有也 사회가 되어야 한다고 강조했다.

다산은 상생相生, Win-Win을 추구했다. 두 아들정학연, 정학유에게 "마음속에 항상 만백성을 윤택하게 하고 모든 사물을 기르려는 마음을 가져야 한다"此心常存, 澤萬民育萬物底意思고 했다. 그의 꿈은 "공렴公廉으로 오래된 조선을 새롭게 개혁"新我之舊邦하여 "만백성을 윤택하게 하고澤萬民 만물을 육성하는 것育萬物"이다.

다산은 "강한 자를 누르고 약한 자를 보호하는 것이 어진 사람이 하는 정치입니다. 전하께서는 무엇을 염려하여 이를 실행하지 못하겠습니까?" 抑强扶弱, 仁人之政. 殿下何慮而不爲哉라고 하여 "억강부약抑强扶弱"의 정책을 펼 것을 주장하였다擬嚴禁湖南諸邑佃夫輸租之俗箚子.

그리고 다산은 강진에 유배된 지 4년차인 1804년순조 4 4월 2일에 「발탐진농가跋耽津農家」에서, 호부豪富한 자를 억제하고 빈약한 자를 보하하는 "억호부리抑豪扶羸" 정책을 펴야 한다고 하였다. 리더leader는 "억강부약" "억호부리"를 실천하여 강한 자를 누르고 사회적 약자를 보호해야 한다고 하였다.

다산은 유배 죄인이라 개혁을 주도할 수도, 청사진을 임금께 올릴 수도 없었다. "택만민 육만물"澤萬民 育萬物의 꿈을 실현코자 발상을 전환하여 차선책으로 개혁안을『여유당전서』에 남겼다. 다산은 "택만민 육만물"을 실천해서 생시는 물론 사후에도 경세적經世的인 학문으로 높은 평가받고 있다. 다산의 꿈인 "택만민 육만물"은 시간과 공간을 초월하여 공직자가 실현해야 할 과제이자 지켜야 할 아름다운 가치이다.

다산은 11년간 벼슬하면서 공렴했다. 그의 공렴사상과『목민심서』를 비롯한 일표이서一表二書 등 542권의『여유당전서』는 병든 조선왕조를 새롭게 할 수 있는 청사진이었다. 그러나 낡은 조선은 그의 선명을 수용하지 않아 쇠락의 길을 걸었다.

둘째, 정치사상이다. "정치란 바르게 하는 것이자 우리 백성들이 고르게 살도록 해 주는 것"政也者, 正也. 均吾民也.이라 했다. 주권재민의 사상을 가졌던 그는 천자天子도 민의民意에 의해 상향식으로 추대하는 것이라 하여 백성에 의한 정체Government by the people를 주장했고, 황제도 민의에 반하면 갈아치울 수 있다는 정치계약설을 전개했다.

셋째, 행정사상이다. 행정사상은 "공렴"公廉이다. 다산은 28세 정월 27일 문과에 급제하여 희정당에서 정조대왕을 뵙고 물러나와 지은 시에서 "무능해서 임무 수행 어렵겠지만鈍拙難充使/ 공렴으로 정성 다해 충성하리라公廉願效誠"라고 다짐했다. 11년간 벼슬하는 동안 이 약속, 즉 공렴을 지켰다.

넷째, 법사상이다. "법은 백성을 위한 법"爲民之法이어야 한다 정의하고, 예법일치禮法一致와 시의변통론時宜變通論과 죄형법정주의를 주장했다.

다섯째, 경제사상이다. "백성을 부유케 하는 것이 우선"民富于先이라 했다. 경자유전耕者有田과 지주제철폐, 사족士族의 생산자화, 근로부국론, 사농일치士農一致를 주장했다.

여섯째, 외교사상이다. 외교관은 ① 양국간의 외교적 현안 업무를 국익을 위해 처리하고 선린관계를 지속케 하는 본무 이외에 ② 외국의 정보를 수집하고 선진문화와 이용후생에 필요한 백공기예百工技藝의 문물을 수입해와 백성들의 삶의 질을 향상시켜야 한다고 했다.

일곱째, 농업사상이다. 중농주의重農主義와 삼농주의三農主義를 주장했다. 다산은 황해도 곡산도호부사 재직37세, 1798 때에 상소한 「응지논농정

小應旨論農政疏」에서, 농촌부흥책인 3농주의를 제시했다. 즉 ① 편농便農이니 농사를 편하게 질수 있게 해주고一日便農, 將以佚之也. ② 후농厚農이니 농민들에게 이익이 나게 하는 것이며二日厚農, 將以利之也. ③ 상농上農이니 농민의 지위를 향상시키는 것이다三日上農, 將以尊之也.라고 했다. 이 편농, 후농, 상농의 3농주의는 시공을 초월하여 농정의 근간이 된다.

여덟째, 교육사상이다. "선교육 후형벌론"先教育 後刑罰論과 "천재와 수재의 특별교육론"을 주장했다. 다산은 『목민심서』에서 "가르치지 아니하고서 형벌하는 것은 백성을 속이는 것이다不教而刑 謂之罔民"고 했다. 그리고 "총명하고 기억력이 좋은 어린 아이들을 따로 뽑아서 가르쳐야 한다童蒙之聰明强記者, 別行抄選, 教之誨之"고 했다. 이어서 고을에 천재와 수재가 있으면, 목민관을 그만두고 집으로 돌아올 때 데리고 와서 교육시켜 큰 인물로 키워 국가에 바쳐야 한다고 했다. 이는 인재양성의 중요성을 강조한 것이다.

유배 18년 동안에도 교육을 포기하지 않았다. 유배지에서 서간과 가계家誡를 통해 자식들을 원격 교육했고, 또한 24명의 제자를 양성하였고 제자들과 함께 공동 연구를 하여 책을 저술했다.

아홉째, 문학사상이다. 다산은 문학도 사회를 바로잡는 데 기여해야 한다는 광제일세론匡濟一世論을 전개했다. 71세1832 때에 문학 사대주의를 거부하고, 자신은 조선 사람이기에我是朝鮮人 즐거이 조선시를 쓴다甘作朝鮮詩고 하여 민족문학론을 전개했다. 그는 오랜 세월 시를 쓰면서 느낀 결론으로 "다산은 다산의 시를 쓴다"고 조선시 선언을 했다. 중국적 아류

Epigonen의 문학사대주의를 버리고 조선시를 썼다.

다산의 『목민심서』의 공렴사상은 인간을 향한 사랑, 즉 휴머니즘이 근간을 이루고 있다.

## 7. 『목민심서』의 공직윤리

지도층 인사들의 일언일동一言一動이 때로는 일파만파를 일으킬 수 있다. 즉 미국의 기상학자 에드워드 로렌츠E. Lorentz가 1961년에 발표한 "나비효과Butterfly effect"를 초래할 수 있다. "브라질에 있는 한 마리의 나비의 날갯짓이 지구의 자장에 의해 미국 텍사스에 토네이도를 발생시킬 수도 있다"는 "나비효과"는 오늘날과 같은 정보화·세계화시대에서는 더욱 강한 힘을 갖는다.

생선은 꼬리부터 썩지 않고 반드시 머리부터 먼저 썩는 법이다. 세익스피어Shakespeare가 "백합이 썩으면 잡초가 썩는 것보다 오히려 더 고약한 냄새가 난다."고 했다. 윗물이 맑아야 아랫물이 맑듯이 지도층이 청렴해야 조국의 미래가 있다. 공직자의 바이블인 『목민심서』의 내용은 "인간에 대한 사랑"이라고 할 수 있다. 이 책에 내재된 공직윤리 몇 가지를 살펴본다.

① 능력과 분수를 아는 것

『목민심서』의 첫 줄은 "다른 벼슬은 구할 수 있으나 목민관을 하겠다고 구해서는 안 된다"他官, 可求, 牧民之官, 不可求也.이다. 목민관의 책무의 중요성을 강조한 것이다. 한 국가를 통치하는 것과 한 고을을 다스리는 원리는 같기 때문에 목민관을 하겠다고 엽관운동을 하지 말라는 것이다. 자신의 능력보다 벼슬이 크면 자신과 국민들을 불행하게 한다는 것이다. 즉 대통령과 군수는 업무량이 다를 뿐 위민행정의 본질은 같다는 것이다.

② 공렴公廉

다산은 "지혜가 높고 사려가 깊은 사람은 욕심이 크므로 청렴한 관리가 되고, 지혜가 짧고 사려가 얕은 사람은 그 욕심이 작으므로 탐관오리가 되는 것이니, 진실로 생각이 여기에 미친다면 청렴하지 않은 사람이 거의 없을 것이다."고 했다. 청렴을 잃으면 모든 것을 잃는다. 다산은 28세 때 과거에 합격하고 "공렴으로 정성 다해 충성하리라公廉願效誠"라고 자신과 약속했고, 11년간 벼슬하는 동안 이 공렴을 철저하게 지켰다.

③ 삼금론三禁論

삼금론은 ① 금주禁酒, ② 금색禁色, ③ 금황일禁荒逸이다. 목민관은 "술을 끊고 여색을 물리쳐서 공순하고 단엄하기를 큰 제사 받들 듯 할 것이요, 감히 놀고 즐김으로써 거칠고 방탕하게 되어서는 안 된다."고 했다. 금주는 술을 탐닉하지 말라는 것으로, 술을 좋아하면 간악한 백성들이 술로 유혹하여 이권을 챙기려는 음모에 빠지게 되기 때문에 경계한 것이다. 다산은 강진 유배지에서 아들에게 보낸 편지에 쓰기를 술은 나라를 망하게 하고 가정을 파탄亡國破家시킨다고 했다. 금주는 특정한 기호품에 집착하면 "완물상지"玩物喪志하게 되고, 이로 인해 유혹의 덫에 걸릴 수 있다고 경계했다. 금색은 이성관계가 깨끗해야 함을, 금황일은 도를 넘는 거친 행위, 무사안일주의와 복지부동을 뜻한다.

④ 사지론四知論

다산은 "뇌물을 주고받는 것을 누가 비밀히 하지 않으리오마는 한 밤중에 한 것도 아침이면 들어난다"고 했다. 후한後漢 때 양진楊震이 형주자사로 재직 시절이다. 왕밀王密은 양진으로부터 창읍昌邑의 원님을 제수 받고, 밤에 황금 10근을 가지고 와서 내놓으며 "어두운 밤이라 아무도 모릅니다."라고 말했다. 그러자 양진은 "당신이 황금 10근을 나에게 가져온 것을 ① 하늘이 알고天知, ② 귀신이 알고神知, ③ 내가 알고我知, ④ 그대가 아는데子知 어찌 아무도 모른다고 하오."하니, 왕밀이 부끄럽게 여기고 물러갔다. 이 사지론은 비밀은 존재하지 않음을 밝힌 것이다.

⑤ 사외론四畏論

다산은 공직생활을 잘할 수 있는 요체는 두려울 "외畏" 한 글자뿐이라고 했다. 사외론은 ① 외의畏義, ② 외법畏法, ③ 외상관畏上官, ④ 외소민畏小民이다. 정의와 법을 두려워하고, 상관과 백성을 두려워하여 마음에 언제나 두려움을 간직하고 있으면, 방자하게 되지 않기 때문에 허물을 적게 할 수 있다고 했다.

⑥ 제가론齊家論

다산은 한 고을을 다스리려면 먼저 자기 집안부터 다스려라欲治其邑, 先濟其家고 했다. 고을을 다스리는 것은 나라를 다스리는 것과 같으니 가정을 다스리지 못하면 어떻게 고을을 다스리겠느냐고 했다. 수신修身 이후에 제가齊家하고 제가 이후에 치국治國하는 것은 만고불변의 진리이다.

⑦ 소신所信

다산은 권문세가, 즉 정치적 실력자를 후하게 섬기지 말라고權門勢家, 不可以厚事也.했다. 연산군을 축출하고 중종을 등극시킨1506 중종반정 때 일등공신 성희안成希顔, 1469~1513이 영의정이 되었을 때, 경상도 청송부사인 정붕鄭鵬, 1469~1512에게 사신을 보내 진상품인 꿀과 잣을 보내달라고 했다. 영의정 편지를 받고, 정붕은 정중하게 예의를 갖춘 후 "잣나무는 높은 산꼭대기에 있고 벌꿀은 농가 백성들의 벌통 속에 있는데, 수령 된 사람이 이를 어떻게 얻을 수 있겠습니까"라고 답신을 보냈다. 정붕은 영의정보다는 청송 백성들의 사유재산을 더 소중하게 여겼다. 편지를 받은 영의정 성희안은 잘못을 깨닫고 부끄러워하며 정붕에게 사과 편지를 보냈다. 성희안과 정붕은 다 같이 훌륭하다. 정붕과 같은 올곧은 기상과 청징한 영혼이 있어야 한다.

⑧ 직언直言

직언은 나도 살고 상관도 살고 나라를 살리는 길이다. 다산은 "아첨하기 좋아하는 자는 충성스럽지 않고 간쟁諫諍하기를 좋아하는 자는 배반하지 않는다. 이를 살핀다면 실수하는 일이 적을 것이다."라고 했다. 우리 조상들은 국가에 중대사가 발생하면 지부상소持斧上疏를 했다. 돗자리를 깔고 도끼를 앞에 놓고 임금의 결단을 촉구하는 지부상소는 "내가 올린 건의상소를 받아들일 수 없다면 이 도끼로 나의 목을 치라."고 하는 것이다. 이를 부월상소斧鉞上疏라고도 한다. 이는 목숨을 건 상소이자 직언이자 충언忠言이다. 신하가 이렇게 나오면 임금도 두려하지 않을 수 없다. 역동易東 우탁禹倬, 1262~1342은 지부상소를 했다. 고려 충선왕1275~1325은 25대 충렬왕1236~1308과 원나라몽골 5대 세조 쿠빌라이1215~1294의 딸인 제국대장공주 사이에서 태어났다. 충선왕은 고려 최초의 혼혈왕이다. 충선왕은 1308년 8월에 즉위하여 10월 24일에 부왕父王인 충렬왕의 후궁인 숙창원비淑昌院妃를 범간犯奸하는 패륜을 행했다. 당시 감찰규정 벼슬을 하던 우탁이 흰옷 차림에 도끼를 들고 거적자리를 멘 채 대궐로 나아가 거리낌 없이 충선왕을 규탄하는 지부상소를 올렸다. 우탁은 충의忠義를 실천한 공직자의 모델이다. 조상들의 대쪽 같은 나라 사랑과 충의는 서릿발 같았다. 상소는 직언이다. 직언은 옳고 그른 것에 대하여 자신이 생각하는 바를 기탄없이 말하는 것이다. 지부상소의 정신은 이어져야 한다.

⑨ 애민정신愛民精神

백성을 사랑하려면 가슴이 따뜻해야 한다. 다산은 "홀아비, 과부, 고아, 늙어 자식 없는 사람鰥寡孤獨이 사궁四窮인데 곤궁하여 스스로 일어날 수 없고, 남의 도움을 받아야 일어설 수 있다"고 했다. 이는 사회적 약자를 보살피는 복지행정을 발전시켜야 한다는 것이다.

⑩ 품격 있는 언행言行

공직자의 언어는 신중하고 품격이 있어야 한다. 다산은 "말을 많이 하지 말고 갑자기 성내지도 말라"고 했다. 그리고 "백성의 윗사람 된 자는 그 한 번 움직이고 한 번 정지하며, 한 마디 말하고 한 번 침묵하는 것을 아랫사람이 모두 살피어 의심쩍게 탐색하는 법이니, 방에서 문으로, 문에서 고을로, 고을로부터는 사방으로 새어나가서 온 나라에 다 퍼지게 된다. 군자는 집안에 거처할 때에도 응당 말을 삼가야 하거늘, 하물며 벼슬살이할 때이랴."고 했다. 사람은 혀 때문에 죽는다. 우리는 심심풀이로 연못에 조약돌을 던지지만 그 돌이 내일 결혼식을 올릴 신랑 개구리의 소중한 고추를 정통으로 맞춰 성불구자를 만들 수도 있으며, 신부 개구리의 눈을 멀게 할 수도 있다. "내 말 한 마디"와 "내가 한 행동 하나가" 남의 가슴에 대못을 박을 수도 있고, 평생 이룩한 것을 한 순간에 잃는다. 2~3초 사이에 한 말 한마디와 행동으로 인하여 평생을 쌓아온 업적과 명예가 무너진다.

⑪ 준법遵法

다산은 『목민심서』에서 목민관은 "무릇 국법이 금하는 바와 형률에 실려 있는 바는 마땅히 조심조심 두려워하여 감히 함부로 범하는 일이 없어야 할 것이다."라고 했다. 지도층은 국가에 대한 도덕적 의무를 다한다는 뜻인 노블레스 오블리주Noblesse oblige를 실천해야 한다. 속담에 "양반은 양반답게 처신하라."는 말과 비슷하다.

미국 33대 대통령 트루먼Truman, 1884~1972은 시력이 나빠 병역면제에 해당됐지만 시력표를 외워 입대한 뒤 제1차 세계대전에 참전해 싸웠다. 노블레스 말라드Noblesse malade, 즉 고귀한 신분이 병든 사회에선 희망이 없다. 역사적으로 노블레스 오블리주 정신이 강물처럼 흘렀던 나라는 융성했고, 노블레스 말라드가 춤추던 나라는 멸망했다. 모랄 헤저드Moral hazard가 만연한 사회는 희망이 없다. 한때 현역으로 입병을 하면 "어둠의 자식"이고, 방위병으로 제대하면 "장군의 아들"이고, 병역 면제자는 "신神의 아들"이란 말과, "방위병도 군인이라면 파리도 새다"라는 말이 유행했다. 이는 우리 사회의 노블레스 말라드를 입증하고 있다.

⑫ 명예로운 정년퇴직

다산은 "옛날의 현명한 수령은 관청을 여관으로 여겨 마치 이른 아침에 떠나갈 듯이 문서와 장부를 깨끗이 정리해 두고 그 행장을 꾸려두어, 항상 마치 가을 새매가 가지에 앉아 있다가 훌쩍 떠나갈 듯이 하고, 한 점의 속된 애착도 일찍이 마음에 머무른 적이 없다"고 했다. 옛 선비들은 출처진퇴가 분명했고 멋이 있었다. 다산은 취임 시나 이임할 때 재산이 같으면 훌륭한 목민관이라고 했다. 오늘 이후 정년 때까지 국가 발전에 기여하고 명예롭게 정년퇴직하는 것이 최고의 가치이다. 명예를 잃으면 모든 것을 잃는다.

다산이 오래된 조선을 새롭게 개혁하여 만백성을 윤택하게 하고, 만물을 육성하고자 했던 아름다운 꿈과, 유배의 역경 속에서도 『목민심서』 등을 저술하여 공직사회를 바르게 했던 공렴 정신은 시공을 초월하여 리더가 계승 발전시켜야 할 아젠다Agenda이다.

## 8. 『목민심서』의 4대 리더십

다산은 「속유론俗儒論」에서 참된 선비의 학문은 ① 나라를 다스리고 백성을 편안히 하고, ② 오랑캐를 물리치고 재용財用을 넉넉하게 하고, ③ 문무文武에 능하고자 한 것이라고 했다.

유교문화의 정수는 선비정신이고, 선비정신의 핵심은 공렴이다. 선비는 리더이다. 리더는 청렴을 넘어 공렴해야 한다. 이 선비정신이 동양사회를 지탱하게 했다.

조선왕조 519년간 수많은 공직자 중 공렴을 실천하여 사표가 되는 최고의 공직자는 누구일까? 개혁정치의 아이콘이었던 조광조趙光祖, 1482~1519일 것이다. 그는 28세1510에 사마시에 장원 급제하고 33세1515에 알성시 별시에 급제한 후, 여러 벼슬을 거쳐 37세1518, 중종 13에 홍문관 부제학이 되었다. 이해 1월 18일 중종에게 이렇게 말했다.

> 대개 청렴이란 신하의 분수 안의 일입니다. 사람이 만일 청렴하지 못하다면 무슨 일인들 잘 하겠습니까? 청렴은 사대부가 항상 하는 일이요, 특이한 행실이 아닙니다.蓋淸廉, 乃其分內事也. 人若不廉, 則何事可能乎. 此乃士大夫常事, 非卓異之行也.

선비의 기개가 살아 있는 발언이자 만고의 명언이다. 연산군을 축출한 중종반정1506 때 정국공신靖國功臣은 117명1등 8명, 2등 13명, 3등 31명, 4등 65명이다. 이 중에는 4촌 이내의 근친인 장인과 사위간, 외숙과 생질간, 처남과 매부간, 이종사촌간, 사돈간 등이 45명이나 있었다. 1519년중종 14 10월에 대사헌현 검찰총장 조광조는 죽음을 무릅쓰고 중종에게 강력하게 진언하여 2, 3등 공신의 일부와 4등 공신 전부65명, 즉 공신의 4분의 3에 해당하는 76명의 가짜 공신들의 공신호功臣號를 박탈시키고 공신전功臣田과 노비를 몰수하여 국고로 귀속시켰다. 즉 117명의 공신 중에서 41명만 남기고 76명을 삭훈削勳했다.

이 위훈僞勳 삭제 사건은 훈구파勳舊派의 강한 반발을 샀고, 결국 조광조를 비롯한 신진 사류가 참화를 당하는 기묘사화의 계기가 되었다. 삭훈에 앙심을 품은 훈구파의 홍경주洪景舟, 남곤南袞, 심정沈貞 등이 경빈박씨敬嬪朴氏 등 후궁을 움직여 중종에게 조광조를 모함했다. 그리고 대궐 뜰의 나무잎에 꿀물로 '走肖爲王주초위왕', 즉 조광조가 왕이 된다는 글자를 써 놓고 벌레가 갉아먹게 한 다음, 궁녀를 시켜 그 잎을 따다가 중종에게 바치고 조광조가 반역을 도모한다고 모함하여 유배 보냈다. 조광조는 가짜 공신의 삭훈을 건의한 지 2개월 후인 1519년 12월 20일 유배지 능성綾城, 현 화순에서 38세로 사사되었다. 사약을 앞에 놓고 절명시絶命詩를 읊었다.

| | |
|---|---|
| 임금 사랑하기를 어버이 사랑하듯 했었고 | 愛君如愛父 |
| 나라 걱정하기를 우리집 걱정하듯 했노라 | 憂國如憂家 |
| 밝은 태양이 이 세상을 내려다보고 있어 | 白日臨下土 |
| 나의 충성된 이 마음을 환하게 비추누나 | 昭昭照丹衷 |

죽음을 목전에 두고 자신은 오직 임금님께 충성을 다했고, 나라 걱정을 했건만 이렇게 죽어 가니 밝은 태양은 충성된 이 마음을 알고 있을 것이라고 했다. 훈구파의 기묘사화로 조광조의 도학정치와 개혁의 꿈은 포말처럼 사라졌으나 위훈을 바로잡는 등 9명이 말하지 못하는 것을 말했고, 9명이 행동하지 못하는 것을 행했다. 그의 대쪽 같은 선비정신과 공렴과 임

금과 국가를 사랑한 충절은 청사에 일월처럼 빛나고 있다.

조광조는 선조 1년1568 4월 17일 영의정에 추증되고, 선조 3년 5월 6일 문정文正의 시호를 받았고, 광해군 2년1610 9월 5일 문묘文廟에 배향의 명이 내려졌다. 조광조는 공렴을 실천했기에 사약을 받고 운명했지만 청사에 영원히 살아있다.

다산은 『목민심서』 서문에서 "군자의 학문은 수신이 반이요, 그 반은 백성을 다스리는 것이다라고 했다. 여기서 군자는 리더이다. 리더의 학문은 50%가 수신이고, 50%가 목민이라고 했다. 다산이 실천한 4대 리더십은 ① 공렴의 리더십, ② 창의적 리더십, ③ 율기律己의 리더십, ④ 관용의 리더십은 시공을 초월하여 유효하다.

### 1) 공렴의 리더십

공렴公廉이란 성품과 행실이 공평하고 청렴하고 강직한 것이다. 다산은 과거에 합격하고 공직자로서 공렴公廉할 것을 자신과 약속했다.

다산은 28세 때인 1789년정조 13 3월 10일 전시殿試에서 갑과 2위로 합격했다. 그는 이해 정월 27일 문과에 급제하여 희정당에서 정조대왕을 뵙고 물러나와 지은 시 「正月卄七日賜第 熙政堂上謁 退而有作」에서 공직자로서 공렴할 것을 자신과 약속했다.

임헌시 여러 번을 응시 했다가　　　屢應臨軒試

마침내 포의 벗는 영광 얻었네　終紆釋褐榮
하늘이 끼친 조화 깊기도 하니　上天深造化
미물이 낳고 자람 후히 입었네　微物厚生成
**무능해서 임무 수행 어렵겠지만　鈍拙難充使**
**공렴으로 정성 다해 충성하리라　公廉願效誠**
임금님이 격려를 많이 내리셔서　玉音多激勵
자못 노친의 마음을 위로하셨네　頗慰老親情

임헌시臨軒試는 임금이 나와서 직접 보이는 시험이다. 28세의 다산은 무능하다고 자신을 낮추면서 공렴으로 국가에 충성하다고 자신과 약속했다. 다산은 11년간 벼슬하는 동안 이 약속, 즉 공렴을 철저하게 지켰다.

다산은 『목민심서』「율기律己」「청심淸心」에서 공직자가 청렴해야 하는 당위성을 밝혔다.

> 청렴은 목민관의 본무本務이자 모든 선善의 원천이요 모든 덕德의 뿌리이다. 청렴하지 않고 목민관을 한다는 것은 있을 수 없다.廉者, 牧之本務, 萬善之源, 諸德之根, 不廉而能牧者, 未之有也.

다산은 청렴은 공직자의 본연의 임무로 모든 선과 덕의 원천이자 뿌리라고 했고 청렴하지 않고 목민관을 한다는 것은 있을 수 없다고 했다. 다산은 "청렴은 천하의 큰 장사이다. 그러므로 크게 탐하는 자는 반드시 청렴하려 한다. 사람이 청렴하지 못한 것은 그 지혜가 짧기 때문이다"고 했다. 또한 "지혜가 높고 사려가 깊은 사람은 그 욕심이 크므로 청렴한 관리가 되고, 지혜가 짧고 사려가 얕은 사람은 그 욕심이 작으므로 탐관오리가 되는 것이니, 진실로 생각이 여기에 미친다면 청렴하지 않은 사람이 거의 없을 것이다"라고 했다. 청렴이 이익이 가장 많이 남는 장사라고 했다.

다산은 "공자가 말하기를 '어진 자는 인仁을 편안히 여기고 지혜 있는 자는 인을 이롭게 여긴다.' 했는데, 내가 생각하기는 청렴한 자는 청렴함을 편안히 여기고 지혜 있는 자는 청렴함을 이롭게 여긴다."고 했다.

다산은 부하를 통솔하는 방법은 위신威信뿐이라고 했다. 위신은 위엄과 신뢰를 말한다.

> 부하를 통솔하는 방법은 위엄과 신뢰뿐이다. 위엄은 청렴에서 나오고 신뢰는 성실에서 나오는 것이니, 성실하고도 능히 청렴해야 뭇사람을 복종시킬 수 있다. 馭衆之道, 威信而已. 威生於廉, 信由於忠, 忠而能廉, 斯可以服衆矣.
>
> *『목민심서』「이전吏典」, 「어중馭衆」*

리더십은 위신에 나온다고 했다. 위엄은 청렴에서 나오고 신뢰는 성실에서 나오는 만큼 성실하고 청렴해야 복종시킬 수 있다고 했다. 공렴의 리더십은 청렴과 성실에서 나온다고 했다.

다산은 목민관이 아무리 학문이 높고 청렴해도 무능하고 부하들을 다스리지 못하면 그 피해가 백성들에게 돌아간다고 했다. 그 예를 다음과 같이 들었다.

사재思齋 김정국金正國, 1485~1541의 『사재척언思齋摭言』에서 말했다. "이세정李世靖이 경학에 정통하고 가르치기를 게을리 하지 않아 한때의 재상이 많이 공의 문하에서 나왔고 우리 형제도 역시 문인이다. 돌아보건대 재간행정 능력이 없었다. 공이 나아가 청양현靑陽縣을 다스릴 때에, 최숙생崔淑生, 1457~1520이 새로 관찰사로 제수되니, 한때의 문인들이 모두 청양 현감을 부탁해서 말하기를 '우리 선생은 학문이 높고 지조가 맑으니, 삼가 망녕되이 폄하하지 말라.'고 하였다. 최숙생이 선선히 응낙하고 가서는 맨 처음의 고과考課에서 이세정을 파출罷黜시켰다. 최숙생이 돌아오자 여러 재상들이 가서 보고 '호서湖西 일도에 어찌 교활한 수령이 없어서 백성들에게 세금을 독촉하는 행정이 부진催科政拙하다하여 우리 선생이세정을 하고下考에 두었단 말인가.'했다. 최숙생이 말하기를 '다른 고을의 수령은 비록 교활하다고 하나 다만 한 사람의 도적일 뿐이니 백성들이 오히려 견딜 수 있지만, 청양현감은 비록 청렴하나 여섯 도적이 아래에 있으니 백성들이 견딜 수 없는 바라.'고 하였다.[여섯 도적은 육방六房의 아전을 이른다.] 이로써 살피건대 비록 학문이 크고 넓다 하더라도 아전을 단속할 줄 모르는 자는 백성의 수령이 될 수가 없는 것이다.『목민심서』, 「이속吏束」

관찰사 최숙생이 "다른 고을의 수령은 비록 교활하다고 하나 다만 한 사람의 도적일 뿐이니 백성들이 오히려 견딜 수 있지만, 청양현감은 비록 청렴하나 여섯 도적이 아래에 있으니 백성들이 견딜 수 없는 바라"고 한 것에 주목해야 한다.

성종成宗, 재위 1469~1494 시절 청양현감 이세정은 학문이 높고 청렴했으나 이호예병형공의 아전들이 백성을 착취하는 도적인데도 제압하지 못해 파출을 당했다. 그는 행정에 무능했고 부하를 다스리는 리더십도 없었다. 다산은 학문이 아무리 높고 청렴해도 부하를 단속 못하는 자는 목민관이 될 수 없다고 했다. 즉 리더는 ① 자신도 공렴하고 ② 동료와 부하들도 공렴하게 해야하고 ③ 상관도 공렴토록 보좌해야 한다. 학문과 청렴이 능사가 아니다. 공렴의 리더십이 있어야 한다.

우리 대한민국은 3·1운동으로 건립된 대한민국임시정부의 법통을 계승하여 건국한 지 77년이다.2025 언제까지 청렴 타령을 해야 하는가? 이제는 청렴을 졸업하고 공렴公廉으로 가야 한다. 아무리 청렴해도, 업무에서 ① 편 가르기와 ② 이중잣대와 ③ 내로남불을 한다면 부패보다 그 피해가 클 수도 있다. 그래서 공렴해야 한다. 선비는 리더이다. 리더는 다산의 공렴의 리더십을 실천하는 것이 시대정신을 구현하는 것이다.

### 2) 창의적 리더십

다산은 창의적 리더십으로 조선 후기 행정의 발전과 건축사와 학술사에 큰 기여를 했다. 다산은 과거에 급제 후 벼슬한 지 3년차에 정조의 특명을 받고 수원화성을 설계했다. 수원화성은 조선 후기 최대의 국책사업이었다. 발상의 전환으로 수원화성 건설에 크게 기여하여 정조대왕의 신임과 칭찬을 받았다. 그리고 창의적 리더십으로 경기암행어사와 황해도 곡산부사 시절 많은 치적을 남겼다.

다산은 회갑을 맞이하여 쓴 자신의 자찬묘지명自撰墓誌銘에서, "내가 바닷가로 유배되어 가서 생각하기를 '소시적에 학문에 뜻을 두었으나 20년 동안 세로世路에 빠져 선왕의 대도大道가 있는 줄을 알지 못했는데 지금 여가를 얻게 되었다.'하고 드디어 흔연히 경사로 여겼다"고 회고했다. 유배를 학문을 연구하는 여가로 여겼을 뿐만 아니라 경사로 여겼다.

다산의 저서 중에는 제자들과 공저한 것이 있다. 즉 『논어고금주論語古今註』는 정약용 집輯에 이강회李綱會 · 윤동尹峒 교校로 명기했고, 『대동수경大東水經』은 정약용 찬撰에 이청李晴 주註로 되어 있다. 요즘말로 다산은 제자들과 공동 연구를 했고, 그 이름을 책에 밝혀 공적을 길이 남게 했다.

다산은 창의적인 리더십으로 벼슬 11년 동안 많은 업적을 남겼다. 또한 유배 18년을 극복했고 실학의 집대성이라는 미증유의 찬란한 금자탑을 조선왕조에 헌정했다. *앞의 「3. 다산의 벼슬 11년간 업적」 참조.*

### 3) 율기의 리더십

율기律己는 자기 자신을 다스리는 것을 말한다. 다산은 『목민심서』 「속리束吏」에서 부하를 다스리는 리더십을 이렇게 말했다.

> 아전을 단속하는 근본은 자기 자신을 규제함에 있다. 자신의 몸가짐이 바르면 명령하지 않아도 일이 시행될 것이요, 자신의 몸가짐이 바르지 못하면 명령을 하여도 시행되지 않을 것이다.束吏之本, 在於律己. 其身正, 不令而行, 其身不正, 雖令不行.

이는 무언無言의 리더십이다. 리더가 몸가짐이 바르면 명령하지 않아도 일이 시행이 되고, 리더가 몸가짐이 바르지 못하면 명령을 해도 시행되지 않는다는 것이다. 다산은 이어서 "자기에게 허물이 없고서야 다른 사람을 나무랄 수가 있는 것이 천하의 일반 이치이다."라고 했다.

율기의 리더십은 공자의 『논어』에서 나왔다. 공자는 "자신의 몸가짐이 바르면 명령을 내리지 않아도 행하여지고, 자신의 몸가짐이 바르지 못하면 비록 명령을 내린다 해도 따르지 않는다."其身正, 不令而行, 其身不正, 雖令不從. —「子路」라고 했다. 또한 "위정자가 참으로 자신을 바르게 한다면 정치하는 데 무슨 어려움이 있겠으며, 자신을 바르게 할 수 없다면 어떻게 남을 바르게 할 수 있겠는가"子曰, 苟正其身矣, 於從政乎, 何有, 不能正其身, 如正人何. —「子路」라고 했다.

공자의 리더십을 계승 발전시킨 다산의 율기의 리더십은 시공을 초월한 리더들이 실천할 이상적인 아젠다이다*「4. 다산의 도덕성과 청렴」, 참조*.

### 4) 관용의 리더십

관용寬容은 남의 잘못을 너그럽게 받아들이거나 용서하는 것이다. 다산은 『목민심서』 「율기律己」 「칙궁飭躬」에서, 너그러우면 많은 사람을 얻는다寬則得衆고 했다. 리더는 "아랫사람을 너그럽게 거느리면 백성이 순종하지 않는 자가 없을 것이다. 그러므로 공자는 '윗사람이 되어 너그럽지 아니하고 예를 행할 때 공경하지 아니하면 내가 무엇을 보겠는가?' 하였고, 또한 '너그러우면 많은 사람을 얻는다."고 했다.

다산은 『목민심서』 「율기」 「청심」에서 "무릇 자기가 베푼 것은 말도 하지 말고 덕을 베풀었다는 표정을 짓지 말고 남에게 이야기하지도 말아야 하고 전임자의 허물도 말하지 말아야 한다"고 했다.

또한 『목민심서』 「봉공」 「예제」에서 "전관前官에게 잘못이 있다면 이를 덮어주어 드러내지 말고, 전관에게 죄가 있거든 도와주어 죄가 되지 않도록 할 것이다"라고 했다. 그 예를 다음과 같이 들었다. "이태연李泰淵, 1615~1669이 평안도 관찰사로 부임하니, 전임자가 모리배에게 속아 양곡을 포탈한 것이 수만 곡斛이었다. 사헌부에서 말이 있었는데 이태연이 방편을 강구하여 보충했다. 이를 말하지 않아 아무도 알지 못했다"고 했다.

다산은 부하들의 작은 허물과 흠은 관용하라고 했다. 『목민심서』 「이전吏典」 「찰물察物」에서, "무릇 미세한 허물과 작은 흠은 마땅히 용인하여 덮어둘 것이니 샅샅이 밝혀내는 것은 현명한 일이 아니다. 가끔씩 농간을 적발해 내서 그 기미를 살핌이 귀신과 같다면 백성들이 두려워한다."고 했다. 이어서 "목민관이 아전이나 백성들의 한두 가지 숨겨진 부정을 듣고, 마치 기화奇貨라도 얻은 듯 그 부정을 드러내놓고 떠들며 스스로 그 세세히 밝혀내어 밝음을 과시하는 것은 천하에 박덕한 것이다. 그 큰 사건을 들춰내되, 그 작은 것은 그냥 지나쳐버리기도 하고, 혹은 속짐작만 하기도 하며, 또 혹은 은밀히 사람을 불러 따듯한 말로 훈계하여 스스로 마음을 새롭게 하도록 하여, 너그럽되 늘어지지 않고 엄격하되 가혹하지 않아 온후하게 덕이 있어 진심으로 감동하여 좋아하게 하는 것, 이것이 아랫사람을 통어하는 길이다. 세세하게 심연에 숨은 고기를 살피고 경솔하게 가혹한 형벌을 가하는 것이 어찌 훌륭한 수령의 할 바이겠는가."라고 했다.

다산이 이기경李基慶, 1756~1819에게 베푼 관용의 세계를 보자. 다산은 23세 때인 1784년 4월 15일 이벽李檗, 1754~1786으로부터 두미협의 배 안에서 처음으로 천주교에 관하여 듣고 관계 서적을 보았다. 당시 다산은 자주 이기경의 강정江亭에 나아가 학업을 익힐 정도로 이기경과 친밀했고, "이기경 또한 서교西教를 즐겨 들어 손수 1권을 뽑아 적었다"고 했다. 친구 이기경이 다산과 결별한 것은 무신년1788, 정조 12부터였다自撰墓誌銘, 集中本.

다산이 30세 때인 1791년 윤지충尹持忠, 권상연權尙然의 신해옥사가 나자 홍낙안洪樂安 등이 공모하여 이를 기화로 정적들을 다 제거하려 했다. 이기경이 성균관에서 서교 서적을 본 일을 더욱 자세하게 증명하자 정조는 노하여 이기경을 경원慶源에 유배보냈다. 방관자는 이를 시원하게 여겼다. 그러나 다산은 "그렇게 생각 마라. 우리들의 화禍가 이로부터 비롯된다."

고 했다.

다산이 때때로 이기경의 집蓮池洞에 가서 그의 어린 자식을 다독거리고, 그의 어머니 상사喪事에 1천 전錢을 부조하였다. 을묘년1795, 정조 19 봄 나라에 대사령大赦令이 있었으나 이기경은 석방되지 못했다. 다산이 이익운李益運에게 "이기경이 마음씨는 불량하지만, 송사는 억울하게 졌습니다. 일시의 시원함이 다른 날 근심거리가 될 것이니, 주상께 들어가 고하여 석방시키는 게 낫습니다."말했다. 이익운은, "내 의사도 이러합니다."하고, 드디어 다산이 말한 대로 들어가 고했더니, 정조가 특별히 이기경을 석방했다. 이기경이 귀양에서 돌아온 후 차츰 조정 반열에 들어가니, 옛 친구들은 그와 함께 말하는 사람이 없었으나 다산은 안부를 묻고 평소처럼 대했다.

이기경은 다산의 은혜를 망각하고 1801년 봄 신유사옥이 나자 정적으로 변하여 다산 제거에 앞장을 섰다. 황사영 백서가 발견되자, 홍낙안, 이기경 등이 모의하기를, "봄에 있었던 옥사 때에 비록 많은 사람을 죽였으나 정약용 한 사람을 죽이지 않는다면 우리들이 죽어 장사지낼 곳도 없게 될 것이다"하고는 자신들이 직접 대계臺啓를 올리기도 하고, 혹은 당로자當路者를 위험한 말로 겁을 주어 상소, 발계發啓하게 하여, 정약전과 정약용을 다시 잡아들여 국문했다.

1801년 신유옥사 때 "이기경이 주모하여 반드시 정약용을 죽이려고 했으면서도" 홍의호 등 여러 사람들을 대할 적에 정약용에게 말이 미치면 반드시 눈물을 줄줄 흘렸다 하니, 비록 대계大計에 몰린 바가 되기는 했으나 그 양심은 없어지지 않았다"自撰墓誌銘, 集中本고 했다. 다산은 「죽대선생전竹帶先生傳」에서도 신유년1801 가을황사영백서사건에 목만중睦萬中, 홍낙안, 이기경 등이 "사람의 생살권을 쥐고서 날마다 선류善類들을 제거하기를 마치 풀을 깎아버리듯 짐승을 사냥하듯"했다고 하였다. 다산은 이와 같이 관용의 리더십으로 경원으로 유배간 이기경의 자식들을 돌보아주었고, 그의 모친 상사에 많은 부조를 했고, 유배에서 풀려나도록 기여했다. 그러나 이기경은 다산의 은공을 잊고 은혜를 원수로 갚았다.

다산의 관즉득중寬則得衆의 관용의 리더십은 유교문화의 롤 모델 리더십이다. 이 리더십은 21세기 리더들에게도 유효하다.

이상에서 살펴본 다산의 4대 리더십인 ① 공렴의 리더십, ② 창의적 리더십, ③ 율기의 리더십, ④ 관용의 리더십은 시공을 초월하여 리더들이 실천할 과제이다.

## 9. 『목민심서』와 다산학의 후세 평가

다산의 『목민심서』는 옛날이나 지금이나 변함없이 베스트셀러였다. 철종哲宗, 재위 1849~1863 말기인 1862임술년 2월에 진주 백성들이 병사兵使 백낙신白樂莘의 탐학에 저항하여 민란을 일으켰고, 4월에 익산, 개령, 함평 등지에 민란이 일어났다. 5월에 충청도, 전라도, 경상도 각지에 민란이 계속 일어난다.

철종은 삼남에서 민란이 나자 6월 12일에 삼정이정청三政釐整廳을 설치하고 수습책을 널리 모집한다. 이때 노사蘆沙 기정진奇正鎭, 1798~1879은 「임술의책壬戌擬策」에서, 삼정문란의 원인과 실상이 이미 『목민심서』에 다 나와 있다고 했다.

> 사대부가 수령과 감사되어 이익이 생길 만한 실마리가 보이면, 부당한 이익을 취하려고 기발한 방법과 귀신 같은 간악함과 비밀스러운 꾀는 말로는 다 할 수가 없고 손가락으로 다 셀 수도 없습니다. 전조前朝의 신臣 정약용의 『목민심서』에 모두 언급되어 있으니, 전하께서 책을 구해다가 시험 삼아서 하루 읽어보시면 백성들의 질고와 나라를 좀먹게 하는 실상을 아실 수 있을 것입니다.

기정진은 철종에게 『목민심서』를 읽으면 "백성들의 질고와 나라를 좀먹게 하는 실상을 아실 수 있을 것"이라고 했다. 『목민심서』를 삼정문란의 실태보고서이자, 농민항쟁을 종식시킬 수 있는 방책으로 보고 철종에게 읽을 것을 진언했다. 기정진이 탐관오리들이 백성들의 고혈을 착취하고 국고를 착복하는 귀신 같은 음모비계陰謀秘計는 열 손가락으로 셀 수도 없다고 한 것은, 『목민심서』에 나오는 수령들이 부정축재하는 6개 방법과 아전들이 부정축재하는 12개 방법을 지칭한 것으로 보인다.

이를 보면 『목민심서』가 당시 필사되어 널리 읽혀진 베스트셀러였음을 알 수 있다. 기정진이 「임술의책」을 쓴 것은 1862년으로, 『목민심서』1818가 세상에 나온 지 44년이 되고, 다산이 서거한 지 26년이 된다.

매천梅泉 황현黃玹, 1855~1910도 『매천야록』에서, "다산은 유배지에서 무사히 살면서 고금을 연구했고, 백성을 살릴 나라의 계책에 마음을 두고 연구한 것을 저술하니 유용한 학문으로 모두 후세에 본받을 만한 것이었다. 『목민심서』, 『흠흠신서』, 『방례초본』경세유표, 「전제고田制考」 등 저서가 그러한 것들이다. 우리 동방에 있어서 가히 비교할 수 없는 공전절후라 일컬을 만하다. 반계磻溪 유형원柳馨遠과 성호星湖 이익李瀷의 학문과 비교한다면 정다산은 더욱 큰 학문을 베푼 분이다."라고 하여 다산학을 높이 평가했다.

황현은 이어서 다산의 『흠흠신서』와 『목민심서』가 요즈음 말로 베스트셀러였음을 밝혔다.

> 다산의 저서는 하나도 간행하여 배포된 것이 없으나, 다만 사사로이 서로들 책을 그대로 베껴서 단종單種으로 각각 흘러 다니고 있다. 『흠흠신서』와 『목민심서』 두 책은 관리가 지방을 다스리고 형사소송에 더욱 절실한 것이기에 비록 당론이 다른 집안에서도 값진 책으로 보관하지 않을 수 없었다. 지금 수백본이 나돌고 있는데 다만 오자와 잘못되고 빠진 것이 있어 읽을 수 없는 것이 있다갑오이전1864~1887 기사.

황현은 다산의 저서는 당시 인쇄로 간행된 것이 하나도 없는데도 『흠흠신서』와 『목민심서』는 "관리가 지방을 다스리고 형사소송에 더욱 절실한 책"이라서 널리 필사되었다고 했다. 당색을 떠나 "값진 책"으로 소장하고 있는데 지금 필사본이 수백 본이 나돌았다고 했다. 이는 『흠흠신서』와 『목민심서』가 당시에 공직자의 필독서였고, 베스트셀러였음을 뜻한다.

황현은 또 "금상高宗이 나라의 부강富强에 뜻을 밝히셨으나 분분하게 변경되자 여러 신하 가운데 가히 의지할 자가 없음을 한스럽게 여기고 을유1885 병술년1886 사이에 『여유당집』을 전사轉寫하여 올릴 것을 명하면서, 개연히 다산과 시대를 함께하지 못한 것을 개탄하였다."고 했다. 즉 고종이 다산의 『목민심서』 등의 저서를 읽고, 다산과 같은 시대에 살지 못한 것을 탄식했다는 것이다.

일제강점기인 1935년에 정인보鄭寅普, 안재홍安在鴻, 송진우宋鎭禹, 윤치호尹致昊, 유진태兪鎭泰, 김성수金性洙, 한용운韓龍雲 등 44인 등이 다산서세茶山逝世 100주년 기념사업회를 구성하고 논설과 논문을 발표했다. 그리고 다산의 외현손外玄孫인 김성진金誠鎭이 편집하고 정인보, 안재홍이 교정校正한 『여유당전서』를 신조선사에서 1934년 9월부터 4년에 걸쳐 전질 154권 76책을 간행한 것이 다산 연구의 기폭제가 되었다.

정인보1893~1950는 다산 서세 100주년을 맞이하여 학문 세계를 신문에 게재하고 다산학 연구의 중요성을 강조했다『담원국학산고』, 문교사, 1950, 再錄.

조선 근고近古의 학술사를 종계綜系하여 보면 반계磻溪가 일조一祖요,

성호星湖가 이조二祖요, 다산이 삼조三祖인데 그중에도 정박명절精博明切함은 마땅히 다산에로 더 미룰 것이니 이는 다산이 반성磻星 양선생兩先生보다 반드시 나음이 아니라 개창開創으로 계확繼擴에까지 그 간고艱苦야 물론 도극到極이 아님이 아니로되 전인前人의 창계創繼한 뒤에 나서 박관간취博觀簡取, 착열정택錯列精擇의 공을 진盡한 이가 그 집성集成의 미美를 향유享有함이 또한 무괴無怪타할 것이다. 정인보, 「다산 선생의 생애와 업적」, 동아일보 1935. 6. 16, 「유일한 정법가 정다산선생 서론(敍論)」, 동아일보 1934. 9. 10~15. 연재.

다산 선생 1인에 고구考究 — 곧 조선사의 연구 — 곧 조선사의 연구요 조선 근세사상의 연구요, 조선심혼朝鮮心魂의 명예明翳 내지 전 조선성쇠존멸에 대한 연구이다. 정인보, 『담원국학산고』, 문교사, 1950, p.78.

정인보는 다산을 조선 근고 학술사에 반계와 성호에 이어 삼조라고 했고, 다산 1인의 연구가 조선사의 연구이고 조선 근세사상의 연구이며 조선심혼의 명예明翳 내지 전 조선성쇠존멸에 대한 연구라고 했다. 이는 다산학의 학술사적 위상과 연구의 중요성을 강조한 것이다. 정인보의 이 연구가 다산학 연구의 기점이라고 할 수 있다.

한편 당시 안재홍의 「다산 한시와 사화편편史話片片」 - 사조(詞藻)에 빛나는 선생의 인격)」『신조선』, 1935. 10과 「다산의 사상과 문장」『三千里』72, 삼천리사, 1936. 4 등이 발표되어 다산 문학 세계가 조명되기 시작했다.

1945년 광복 이후 다산 문학을 주목한 것은 홍이섭洪以燮이다. 그는

1959년 『정약용의 정치경제사상 연구』한국연구도서관, 1959의 「제5장 다산의 비판적 정신— 문학적 정신」에서, 다산 문학의 비판정신과 위상을 다음과 같이 정리했다.

> 아직 한국에 있어 문학한문학사에 있어 정약용을 문제시하지 않고 오직 석학이란 막연한 말로 형용을 할 뿐이나, 근세문학사상 특이한 자리를 차지하고 있음은, 자기의 시문의 필봉을 사회와 정치와 경제를 논하는 데로 돌렸던 것이요, 이렇게 문학에 있어 지니었던 비판정신은, 자기가 처한 사회를 인식하는 대로 현실을 비판하였음은 목민심서 제작에 앞서 이루어진 시문은 곧 농촌의 정치 경제를 논하는 데 그대로 원용되고 그대로 그의 사상구축에 합직合織이 되었다.홍이섭, 『정약용의 정치경제사상 연구』, 한국연구도서관, 1959, p.229.

먼저 한국문학에서 다산 문학 연구의 중요성을 지적한 후, 다산의 시문에서의 비판 정신은 농촌의 정치 경제를 논하는 데 원용되고 사상구축에 합직合織되었다고 했다. 다산의 사회시에 나타난 사회 비판 정신은 그의 경세제민經世濟民의 정치경제사상과 맥을 같이하고 있다고 본 것이다.

이가원李家源은 1961년 『한국한문학사』민중서관에서 다산의 시 「석우별石隅別」, 「사평별沙坪別」과 「용산리龍山吏」, 「파지리波池吏」, 「해남리海南吏」는 두보杜甫의 삼별삼리三別三吏의 영향이었고, 다산이 시를 쓰게 된 취지가 "아시조선인我是朝鮮人 감작조선시甘作朝鮮詩"임을 밝혔다.

1960년대 후반 이후 다산학 연구는 분야별로 활발하게 연구가 진행되었다. 한국의 역대 인물 중에서 가장 많은 연구가 이루어진 것이 다산이고 지금도 현재진행형이다. 그리고 다산학은 세계화가 되어 외국의 여러 나라 학자들도 연구하고 있다. 1836년에 운명한 다산을 21세기를 살고 있는 수많은 학자들이 연구하는 것은 다산학이 경세학經世學이기 때문이다. 189년 전에 세상을 뜬 다산이 실학자답게 지하에서도 지금2025 많은 학자들을 먹여 살리고 있다. 이것 하나만 봐도 다산학은 위대하다. 그래서 다산이다.

## 10. 다산학의 실천과제

다산의 『목민심서』는 "민초民草에 대한 사랑과 나라 사랑의 경세학經世學"이다. 이 위대한 선명善鳴을 리더는 계승 발전시켜야 한다. 리더는 굽은 곳을 바르게 펴서 올곧게 하여 다시는 굽어지지 않게 하고, 막힌 곳을 뚫어서 시원하게 소통시켜야 한다. 바로 클린하고 공렴한 사회를 만들 책무가 있다. 선조들이 아무리 훌륭한 저서를 남겼더라도 거기에 내재된 정신과 사상을 계승 발전시키는 일을 외면한다면 후손으로서 부끄러운 일이다.

다산은 유배생활을 겪으면서도 5백년 조선왕조 학술사에 "실학의 집대성"이라는 미증유의 찬란한 금자탑을 헌정했다. 이러한 다산을 18년간 귀양살이를 시킨 조선왕조는 다산에게 큰 빚을 졌다. 주권재민과 위민주의 철학으로 점철된 공직자의 바이블인 『목민심서』1818가 세상에 나온 지 207주년2025이 되었건만, 아직도 공직사회에서 비리가 근절되지 않고 있어 부끄럽다. 다산이 오늘의 우리 부패상을 안다면 제2의 『목민심서』를 쓸 것이다.

다산은 공렴으로 오래된 조선을 새롭게 개혁하여 만백성을 윤택하게 하고, 만물을 육성하고자 했던 아름다운 꿈과, 유배의 역경 속에서도 『목민심서』 등을 저술하여 공직사회를 바로잡으려 했던 청징한 정신은 계승 발전시켜야 할 아젠다이다.

우리 학계는 1962년 다산 탄신 200주년을 아무 행사 없이 보냈고 당시 연구자도 소수였으나, 북한은 1962년 7월 과학원 철학연구소에서 『다산 정약용 탄생 200주년 기념 론문집』을 출간했다.

이 기념 논문집에는 김석형의 「다산 정약용의 생애와 활동」, 정진석의 「철학 사상」, 김광진의 「사회 경제 사상」, 리용태의 「자연과학사상」, 신구현의 「창작과 문학적 견해」, 박시형의 「력사관」, 박형성의 「교육사상」, 정학모의 「조선어연구」 8편과 「주요저작년표」가 있다도서출판 푸른 숲이 원문 그대로 1989년 2월에 출간했다.

북한의 과학원 철학연구소는 서문인 「다산 정약용 탄생 200주년 기념 론문집을 발간하면서」에서 다음과 같이 말했다.

> 금번 정다산 탄생 200주년을 기념하면서 발간되는 본 론문집은 사회

주의의 높은 봉우리를 향하여 천리마의 기세로 달리는 전체 인민의 심장 속에 민족적 긍지와 애국주의적 정열을 더욱 북돋아주며 민족문화 유산의 계승 발전을 위한 과학연구사업에 일층 박차를 가하는 하나의 계기로 되리라는 것을 확신한다.

이를 보면 북한은 사회주의를 실현하기 위해 정치적 목적으로 국책과제로 다산학을 연구한 것이다. 북한은 1962년 7월에 다산의 공렴사상과 만백성을 윤택하게 하고, 만물을 육성하고자 했던 꿈을 알았으면서도 이를 외면하고 현실정치에 접목하지 않아 빈국이 되었다.

① 김일성이 천리마 운동 당시인 1962년 10월 제3기 최고인민회의에서 북한 인민들에게 "이팝쌀밥에 고깃국 먹고 기와집에서 살게 해 주겠다"고 약속했다.

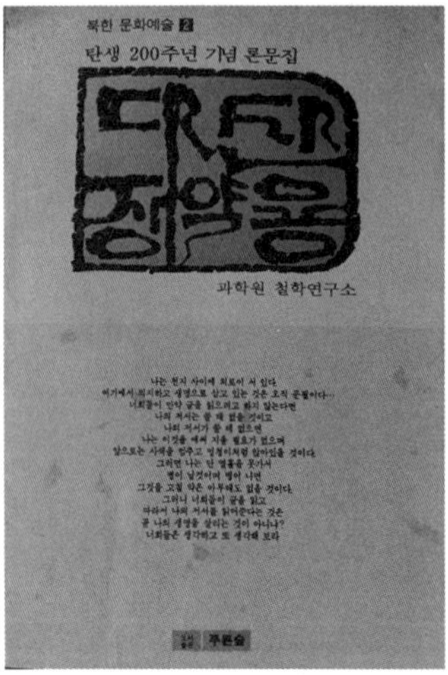

북한 과학원 철학연구소의 『다산 탄생 200주년 기념 론문집』, 1962년

② 48년이 지난 2010년 1월에 아들 김정일은 "흰 쌀밥에 고깃국을 먹여야 한다'는 수령님 유훈을 관철하지 못하고 있다"며 "인민들이 강냉이옥수수 밥을 먹는 것이 가슴 아프다"고 했다.

③ 57년이 지난 2019년 3월 6일에 손자 김정은이 제2차 전국당초급선전일군대회 참가자들에게 보낸 서한에서 "전

체 인민이 흰 쌀밥에 고깃국을 먹으며 비단옷을 입고 좋은 집에서 살게 하려는 것은 위대한 수령님과 위대한 장군님의 평생 염원이며 이것은 사회주의를 건설하는 조선북한 혁명가들의 이상이고 투쟁목표입니다"라고 했다. "흰 쌀밥에 고깃국을 먹고 비단옷 입고 기와집에 살게 해주겠다"는 약속을 김일성이 한 지 2019년 현재 57년이 지났다. 57년은 강산이 여섯 번 변할 세월인데 '메뉴 변경' 없이 같은 메뉴를 반복하고 있다이미아.

이 약속은 공수표가 되어 탈북자를 양상하고 있다. 3대 독재가 이어지는 동안 북한 주민들에게 경제 발전을 홍보하는 구호는 전혀 변하지 않았다. 57년간 메뉴조차 안 바뀌었다. '흰 쌀밥에 고깃국'을 먹여주지 못하면서 입으로만 떠들고 있다. 앞으로도 이 메뉴를 몇 십 년 더 우려먹을 것이다. 북한 인민들도 스테이크와 랍스타를 먹을 줄 안다. 예나 지금이나 임금이 어리석고 등신짓을 하면 백성들만은 죽어난다. 백성은 임금을 잘 만나야 한다.

이러한 북한의 실상을 보면 아무리 훌륭한 사상이라도 국가가 정책적으로 수용하지 않는다면 무용지물이 된다. "구슬이 서 말이라도 꿰어야 보배"라는 우리 속담이 있다. 이제는 다산이 선명善鳴한 내용, 다산의 꿈이 훌륭하다는 것을 강조하는 데 그칠 것이 아니라, 그 선명을 현실 정치와 행정 등에 접목시켜야 한다. 다산이 닦아 놓은 고속도로를 가야 한다. 비포장도로로 가서는 안 된다. 우리 정부는 다산의 꿈인 선명구슬을 실천꿰어서하여 모든 국민을 삶을 윤택하게 하고, 만물을 육성하여 보배로운 나라를 만들 책무가 있다. 다산의 꿈을 실현시킬 수 있는 지도자가 어서 나와야 한다.

대한민국을 건국한 지 77년2025이 되었다. 21세기를 살고 있는 우리는 조상들이 931회의 크고 작은 외침을 극복하고 조국을 지켜왔던 것처럼, 우리들에게는 자랑스러운 대한민국을 후손에게 물려줘야 할 책무가 있다. 다산의 "공렴 사상과 민초에 대한 사랑과 나라를 사랑한 경세학"은 위대한 선명인만큼 시공을 초월하여 계승 발전시켜야 한다. 이 꿈은 이 땅에 실현할 할 영원한 아젠다이자 시대정신이다. 목민관은 리더이다.

다산의 꿈은 "공렴으로 오래된 조선을 새롭게 개혁하여 억강부약과 억호부리하여 만백성을 윤택하게 하고, 만물을 육성하는 것이다. 리더는 이러한 다산의 꿈을 실현시켜야 한다.

첫째, 훌륭한 리더는 발상의 전환Paradigm shift으로 국가 발전에 기여한다. 다산은 유배지에서 발상을 전환하여 『경세유표』와 『목민심서』 등을 저술하여 조선왕조가 가야할 길을 제시했다. 어제의 관행이 지금은 범죄가 된다. 박제된 틀과 낡은 사고를 버리고, 구각을 깨고 발상을 전환하여 공정한 사회를 구현하고 건강한 조국을 건설하는 데 향도가 되어야 한다.

둘째, 훌륭한 리더는 『목민심서』의 공렴을 실천하여 깨끗한 공정사회 구현에 앞장선다. 나 혼자 클린하고 청렴한 시대는 지났다. 모두가 공렴해야 건국한 지 77년2025이 된 대한민국을 7백년, 7천년, 수수만년 존속시킬 수 있다. 먼 훗날 자손들이 조국을 위해 무엇을 하셨느냐고 물었을 때 청렴한 한국을 건설하는 데 이바지 했노라고 대답할 수 있어야 한다.

셋째, 훌륭한 리더는 『목민심서』의 아름다운 가치와 이상을 후손들에게 심어준다. 대한민국은 우리만 살다갈 나라가 아니다. 우리 후손들이 자자손손 수수만년 살아가야 한다. 조국에 대한 사랑과 열정, 그리고 아름다운 삶의 가치를 우리 후손들에게 심어줘야 한다. 우리의 자녀들을 정신과 육체가 건강한 민주시민으로 키워야만 조국의 미래가 있다.

넷째, 훌륭한 리더는 자신과 가족, 부모형제와 조국을 사랑한다. 지난 세월의 삶도 소중하지만 더욱 소중한 것은 앞으로의 삶이다. 국가 발전에 기여하는 자랑스러운 아버지 어머니가 되어야 한다. 이것이 보람차고 가치 있는 삶이다.

이제는 청렴을 넘어 공렴해야 한다. 공렴해야 꿈을 이룰 수 있고, 미래가 있고, 새 역사를 창조할 수 있다. 부패와 간통한 더러운 돈으로 부모를 봉양하고 처자식을 부양하는 것은 부모와 처자식의 영혼을 모독한 것이며, 이는 공동묘지에서 제사 지내고 땅에 버린 썩은 음식을 주어다 먹이는 것과 같다. 연필로 쓴 글씨는 지워지지만 가슴에 주홍글씨와 누추한 행적은 지우개로 지워지지 않는다.

목민관은 리더이다. 리더는 다산의 『목민심서』에 내재된 공렴사상과 애민정신을 실천해야 하고 대한민국을 더 큰 나라로 만들 책무가 있다.2025. 1. 9.

# <참고 문헌>

김상홍, 『선비의 보물상자』, 고반, 2018. 3쇄(2014년 세종도서 교양부문. 문화체육관광부 한국출판문화사업진흥원).

김상홍, 『아버지 다산』, 글항아리, 2010(2010년 문화체육관광부 우수교양도서).

김상홍, 『다산학의 신조명』, 단국대출판부, 2009(2010년 문화체육관광부 우수학술도서).

김상홍, 『다산의 꿈 목민심서』, 새문사, 2007(조선일보 <거실을 서재로> 8월의 도서선정, 대한출판문화협회·한국출판문화진흥재단 <2007 올해의 청소년도서> 가을 분기 선정)

김상홍, 『꽃에 홀려 임금을 섬기지 않았네』, 2007, 새문사.

김상홍, 『다산 문학의 재조명』, 단국대출판부, 2003(다산학술상 학술대상 수상, 대한민국학술원 선정 2004년 우수도서).

김상홍, 『조선조 한문학의 조명』, 이회, 2003(대한민국학술원 선정 2004년 우수도서).

김상홍, 『한국 한시의 향기』, 박이정, 1999.

김상홍, 『중국 명시의 향연』, 박이정, 1999.

김상홍, 『한시의 이론』, 고려대학교출판부, 1997.

김상홍, 『다시 읽는 목민심서』, 한국문원, 1996.

김상홍, 『다산학 연구』, 계명문화사, 1990.

김상홍, 『한국 한시론과 실학파 문학』, 계명문화사, 1989.

김상홍, 『다산 정약용문학 연구』, 단국대출판부, 1985(제18회 문화공보부추천

우수도서).

김상홍,『다산 시선집, 유형지의 애가』, 단국대학교 출판부, 1981.

김상홍 외,『동아시아 역대 문화교류 인물 자료사전』(전7권), 문예원, 2014.

김상홍 외,「동아시아 삼국의 상호인식과 그 전환의 단초」, 문예원, 2010.

김상홍 외,「동아시아 삼국의 상호교류와 소통의 양면성」, 문예원, 2011.

김상홍 외,「동아시아 삼국, 새로운 미래의 가능성」, 문예원, 2012.

金相洪·李永男,「丁若鏞與中國文化」, 中國 廣西師範大學 出版社, 2015.

김상홍 외,「중학교 한문」1, 2, 3. ㈜중앙교육진흥연구소, 1995.

김상홍 외,「고등학교 한문」Ⅰ, Ⅱ. ㈜중앙교육진흥연구소, 1996.

김상홍 외,『한국문학사상사』, 계명문화사, 1991.

김상홍 외,『스승의 길』, 교육과학사, 2000.

김상홍 외,『대학의 길 단국의 길』, 단국대학교출판부, 2000.

김상홍 외,『고전의 지혜』, 단국대학교출판부, 1994.

김상홍 외,『교양한문』, 단국대학교출판부, 1986.

김상홍 외,『대학한문』, 단국대학교출판부, 1980.

김상홍,「다산 정약용의 경세적인 문학세계」,『강진군지』Ⅱ, 강진군지편찬위원회, 2012.2.

김상홍,「다산 사상과 공직윤리」,『명강의 선집 29, 새로운 시대의 길을 묻다』, 중앙공무원교육원, 2015.7.

김상홍,「역사에서 배우는 공직자 윤리관」,『2015년 명사특강 모음집』제8집, 충청남도, 2016.2.

김상홍,「역사에서 본 리더의 공직윤리 」,『고위공직자 청렴 리더십』, 국무조정실 · 국무총리비서실, 2017. 7.

김상홍, 「다산의 사상과 공직윤리」, '농림축산식품 공직자 청렴교육', 농림축산식품부, 2017.9.

김상홍, 「유교문화의 청렴과 공직윤리」, 『제26기 고위정책과정』, 국가공무원인재개발원, 2018.3.

김상홍, 「다산 선생과 공렴사상」, 『제38기 고급리더과정』, 지방자치인재개발원, 2018.8.

김상홍, 「역사에서 본 리더의 공렴과 공직윤리」, 2018년도 고위직(기관장급 직원) 청렴 리더십교육, 대한적십자사, 2018.10.

김상홍, 「유교문화의 공직윤리와 청렴사상」, 『제27기 고위정책과정』, 국가공무원인재개발원, 2019.3.

김상홍, 「다산 정약용의 리더십과 공직윤리」, 『제12기 글로벌리더십 과정』, 국립외교원, 2019.4.

김상홍, 「역사에서 본 공직윤리」, 『제1기 청렴리더십(초중고교장) 과정』, 청렴연수원, 2019.5.

김상홍, 「다산 사상에서 배우는 공직자상」, 『제40기 고급리더과정』, 지방자치인재개발원, 2020.7.

김상홍, 「역사에서 배우는 공렴과 공직윤리」, 『제7기 청렴리더십 향상 과정(고위직)』, 국민권익위원회 청렴연수원, 2020.10.

김상홍, 「다산의 리더십과 목민심서」, 『제6기 경정역량강화 과정』, 경찰인재개발원, 2020.12

김상홍, 「역사에서 본 공렴과 공직윤리」, 감사원, 2021.1.

김상홍, 「다산선생의 공렴사상과 공직윤리」, 법제처, 2021.6.

김상홍, 「역사에서 본 공렴과 공직윤리」, 『제45기 치안정책과정』, 경찰대학,

2022.1
김상홍, 「인문학 속의 리더십」, 『미래국정포럼 최고경영자과정』, 주최 : 미래국정포럼 조직위원회. 주관 : 한국노동경제연구원. 2022.7.
김상홍, 「다산 사상에서 배우는 공직자 상」, 『제30기 여성리더 양성과정』, 지방자치인재개발원, 2023.2.
김상홍, 「다산 정약용의 공렴사상과 지도자의 삶」, 『제18기 남양주시 명품 아카데미』, 고려대학교 미래교육원, 2024.7.
김상홍, 「다산 정약용의 4대 리더십」, 『2024 다산 정약용 리더십 포럼』, 남양주시청, 2024.12.
북한 과학원 철학연구소, 『다산 탄생 200주년 기념 론문집』, 1962.
안재홍, 「다산 한시와 史話片片」 — 사조(詞藻)에 빛나는 선생의 인격-, 『신조선』, 1935.10.
안재홍, 「다산의 사상과 문장」, 『三千里』72, 삼천리사, 1936.4.
이가원, 『한국한문학사』, 민중서관, 1961.
이미아, 「북한 뉴스 대놓고 읽기」](6),  57년째 외치는 허무한 구호 "흰 쌀밥에 고깃국", 한국경제, 2019.03.11.
기정진, 『노사선생문집』, 아성문화사 영인, 1976.
정약용, 『여유당전서』(전6권), 경인문화사 영인, 1970.
정인보, 「유일한 政法家 정다산선생 敍論」, 동아일보 1934. 9. 10~15. 연재
정인보, 『薝園國學散藁』, 문교사, 1955.
황현, 『황현전집』, 아세아문화사 영인, 1978.
홍이섭, 『정약용의 정치경제사상 연구』, 한국연구도서관, 1959.

# 부록 II

## 『목민심서』 260선

# 부록 Ⅱ

# 『목민심서』 260선

국가 사회의 기강과 정의가 무너지고 인간악과 사회악이 난무할 때는 물론, 평상시에도 "다산학"의 중요성과 그 구현이 면면이 강조되었고 앞으로도 계속될 것이다. 그 이유는 다산학이 "민초에 대한 사랑과 나라 사랑의 경세학"이기 때문이다.

특히 『목민심서』는 공직자의 바이블로 위민행정의 지남이자 경세학으로서 시공을 초월하여 횃불이 되기 때문이다. 다산학은 낡고 병든 나라를 혁신할 수 있는 위대한 선명인 만큼 이를 계승 발전시켜야 한다.

공직자의 바이불인 『목민심서』48권 12강綱 72조 652세목細目은 목민관이 지켜야 할 덕목이다. 모두가 명언이다. 652세목 중에서 260개 세목을 김상홍 편저 『다산의 꿈 목민심서』새문사, 2007에서 정선하였다. 이를 보자.

## ① 부임赴任 6조

**1.** 다른 벼슬은 구할 수 있으나 목민관을 하겠다고 구하는 것은 옳지 않다他官, 可求, 牧民之官, 不可求也. *除拜제배,『목민심서』 첫 항목*.

**2.** 새 수령을 맞이하는 데 필요한 비용을 이미 공적으로 받고서 또 백성들에게 거둔다면 이는 임금의 은혜를 숨기고 백성의 재물을 약탈하는 것이니 해서는 안 된다新迎刷馬之錢, 既受公賜, 又收民賦, 是匿君之惠, 而掠民財, 不可爲也. *제배*.

**3.** 부임길의 행장은 그 의복이나 안장을 얹은 말은 옛것을 그대로 쓰고 새로 장만해서는 안 된다治裝, 其衣服鞍馬, 並因其舊, 不可新也. *治裝치장*.

**4.** 수령으로 부임해 갈 때 함께 가는 이가 많아서는 안 된다同行者, 不可多. *치장*.

**5.** 이불과 베개와 솜옷 이외에 책 한 수레를 싣고 간다면 청렴한 선비의 행장이라 할 것이다衾枕袍襺之外, 能載書一車, 淸士之裝也. *치장*.

**6.** 임금을 하직하고 대궐 문을 나서게 되면 개연慨然히 백성들의 바라는 바에 부응하고, 임금의 은혜에 보답할 것을 마음속으로 다짐해야 한다辭陛出門, 慨然以酬民望, 報君恩設于乃心. *辭朝사조*.

**7.** 취임하기 전 하룻밤은 마땅히 이웃 고을에서 자야 한다上官前一夕, 宜宿隣縣. *啓行계행*.

**8.** 취임할 때에 날을 받을 필요는 없다. 비가 오면 날이 개이기를 기다

리는 것이 좋다上官, 不須擇日, 雨則待晴可也. *上官상관*.

## ② 율기律己 6조

**9.** 기거起居에 절도가 있고 관대冠帶는 단정히 하며 백성을 대할 때에는 장중하게 하는 것이 옛날의 도이다興居有節, 冠帶整飭, 莅民以莊, 古之道也. *칙궁*.

**10.** 공사에 틈이 나면 정신을 집중하여 고요히 생각하여 백성을 편안하게 할 방책을 헤아려 내고 지성으로 잘되기를 강구하여야 한다公事有暇, 必凝神靜慮, 思量安民之策, 至誠求善. *飭躬칙궁*.

**11.** 말을 많이 하지 말고 갑자기 성내지도 말라毋多言, 毋暴怒. *칙궁*.

**12.** 아랫사람을 너그럽게 거느리면 백성이 순종하지 않는 자가 없을 것이다. 그러므로 공자는 "윗사람이 되어 너그럽지 아니하고 예를 행할 때 공경하지 아니하면 내가 무엇을 보겠는가?" 하였고, 또한 "너그러우면 많은 사람을 얻는다."고 하였다御下以寬, 民罔不順. 故孔子曰, 居上不寬, 爲禮不敬, 吾何以觀之. 又曰寬則得衆. *칙궁*.

**13.** 군자가 중후함이 없으면 위엄이 없으니 백성의 윗사람이 된 자는 몸가짐을 신중히 하지 않으면 안 된다君子不重, 則不威, 爲民上者, 不可不持重. *칙궁*.

**14.** 술을 끊고 여색을 끊으며 노래와 음악을 물리쳐서 공손하고 단엄하기를 큰 제사 받들듯 할 것이요, 감히 놀고 즐김으로써 거칠고 방탕하게 되어서는 안 될 것이다斷酒絶色, 屛去聲樂, 齊遫端嚴, 如承大祭, 罔敢游豫, 以荒以

逸. *칙궁*.

**15.** 놀이하며 즐기는 것이 백성들의 좋아하는 바가 아니니, 단정하게 처신하여 움직이지 않는 것만 같지 못할 것이다燕遊般樂, 匪民攸悅, 莫如端居而不動也. *칙궁*.

**16.** 치적이 이미 이루어지고 여러 사람들의 마음도 이미 즐거워하면 풍류를 마련해서 백성들과 함께 즐기는 것 또한 선배들의 성대한 일이었다治理旣成, 衆心旣樂, 風流賁飾, 與民皆樂, 亦前輩之盛事也. *칙궁*.

**17.** 청렴淸廉이란 목민관의 기본 임무이며 모든 선善의 원천이요 모든 덕德의 근본이다. 청렴하지 않고 목민관을 할 수 있는 자는 있지 않다廉者, 牧之本務, 萬善之源, 諸德之根, 不廉而能牧者, 未之有也. *淸心청심*.

**18.** 청렴은 천하의 큰 장사이다. 그러므로 크게 탐하는 자는 반드시 청렴하려 한다. 사람이 청렴하지 못한 것은 그 지혜가 짧기 때문이다廉者, 天下之大賈也. 故大貪必廉. 人之所以不廉者, 其智短也. *청심*.

**19.** 그러므로 옛날부터 무릇 지혜가 깊은 선비는 청렴으로써 교훈을 삼고 탐욕으로써 경계를 삼지 않은 자가 없었다故自古以來, 凡智深之士, 無不以廉爲訓, 以貪爲戒. *청심*.

**20.** 목민관이 청렴하지 않으면 백성들이 그를 도둑으로 지목하여 마을을 지나갈 때에 더럽다고 욕하는 소리가 비등할 것이니 이 또한 수치스런 일이다牧之不淸, 民指爲盜, 閭里所過, 醜罵以騰, 亦足羞也. *청심*.

**21.** 뇌물을 주고받는 것을 누가 비밀히 하지 않으리오. 한밤중에 한 일

이 아침이면 드러난다貨賂之行, 誰不秘密, 中夜所行, 朝已昌矣. *청심*.

**22.** 선물로 보낸 물건이 비록 아주 작은 것이라 하더라도 은정恩情이 이미 맺어지면 사사로운 정이 이미 행하게 되는 것이다饋遺之物, 雖若微小, 恩情旣結, 私已行矣. *청심*.

**23.** 청렴한 관리를 귀하게 여기는 것은 그가 지나가는 곳의 산림이나 천석泉石도 모두 그 맑은 빛을 받게 되기 때문이다所貴乎廉吏者, 其所過山林泉石, 悉被淸光. *청심*.

**24.** 무릇 진기한 물건이 본 고을에서 생산되는 것은 반드시 고을의 폐가 될 것이니 하나라도 가지고 돌아가지 않아야만 청렴하다고 말할 수 있다凡珍物産本邑者, 必爲邑弊, 不以一枚歸, 斯可曰廉者也. *청심*.

**25.** 무릇 과격한 행동이나 각박한 정사政事는 인정에 맞지 않아서 군자가 내치는 바이니 취할 바가 아니다若夫矯激之行, 刻迫之政, 不近人情, 君子所黜, 非所取也. *청심*.

**26.** 청렴하나 치밀하지 못하거나 재물을 내어 쓰면서도 실효가 없는 것은 또한 족히 칭찬할 것이 못 된다淸而不密, 損而無實, 亦不足稱也. *청심*.

**27.** 무릇 민간의 물건을 사들일 때 그 관식官式: 관에서 정한 값이 너무 헐한 것은 마땅히 싯가대로 사들여야 한다凡買民物, 其官式太輕者, 宜以時直取之. *청심*.

**28.** 무릇 그릇된 관례가 전해 내려오는 것은 굳은 결의로 바로잡아 개혁하고, 혹 개혁하기 어려운 것은 나는 범하지 말아야 한다凡謬例之沿襲者, 刻意矯革, 或其難革者, 我則勿犯. *청심*.

**29.** 무릇 포목과 비단布帛을 사들일 때는 관인官印이 적혀 있는 통장이 있어야 한다凡布帛貿入者, 宜有印帖. *청심*.

**30.** 무릇 날마다 쓰는 장부는 꼭 주목할 것은 아니니 결재를 흐르는 듯이 할 것이다凡日用之簿, 不宜注目, 署尾如流. *청심*.

**31.** 목민관의 생일날 아전과 군교 등 제청諸廳이 혹 성찬을 올리더라도 받아서는 안 된다牧之生朝, 吏校諸廳, 或進殷饌, 不可受也. *청심*.

**32.** 무릇 자기가 베푼 것은 말도 하지 말고 덕을 베풀었다는 표정을 짓지 말고 남에게 이야기하지도 말아야 하고 전임자의 허물도 말하지 말아야 한다凡有所捨, 毋聲言, 毋德色, 毋以語人, 毋說前人過失. *청심*.

**33.** 청렴한 자는 은혜를 베푸는 것이 적으니 사람들은 이를 병통으로 여긴다. 모든 책임을 자기 스스로 두텁게 지고 남에게 적게 지우는 것이 옳은 것이다. 청탁이 행해지지 않으면 청렴하다고 말할 수 있다廉者寡恩, 人則病之. 躬自厚而薄責於人, 斯可矣. 干囑不行焉, 可謂廉矣. *청심*.

**34.** 청렴한 소리가 사방에 퍼져서 좋은 소문이 날로 빛나면 또한 인생의 지극한 영광인 것이다淸聲四達, 令聞日彰, 亦人世之至榮也. *청심*.

**35.** 자신을 닦은 뒤에야 집안을 다스리고, 집안을 다스린 뒤에 나라를 다스린다는 것은 천하의 공통된 이치이다. 그 고을을 다스리려는 자는 먼저 그 집안을 잘 다스려야 한다修身而後齊家, 齊家而後治國, 天下之通義也. 欲治其邑者, 先齊其家. *齊家제가*.

**36.** 국법에 어머니를 모시고 가서 봉양하면 나라에서 그 비용을 지급하

고 아버지를 모셔가서 봉양하면 그 비용을 지급하지 않는데 그것은 뜻이 있는 것이다國法, 母之就養, 則有公賜, 父之就養, 不會其費, 意有在也. *제가*.

**37.** 청렴한 선비는 고을살이를 나갈 때 가루家累를 데리고 가지 않는다 했으니, 가루는 아내와 자식을 이르는 말이다淸士赴官, 不以家累自隨, 妻子之謂也. *제가*.

**38.** 형제간에 서로 그리우면 가끔 왕래할 것이나 오래 머물러선 안 된다昆弟相憶, 以時往來, 不可以久居也. *제가*.

**39.** 부인이 근무지로 내려오는 날에는 그 치장을 마땅히 검소하고 간소하게 해야 한다內行下來之日, 其治裝, 宜十分儉約. *제가*.

**40.** 의복을 사치스럽게 하는 것은 많은 사람들이 꺼리는 것이요, 귀신이 미워하는 것이자 복을 꺾는 길이다衣服之奢, 衆之所忌, 鬼之所嫉, 折福之道也. *제가*.

**41.** 음식을 사치스럽게 하는 것은 재화를 소모시키고 물자를 탕진하는 것이자 재앙을 부르는 것이다飮食之侈, 財之所糜, 物之所殄, 招災之術也. *제가*.

**42.** 규문閨門: 부인이 엄숙하지 못하면 집안의 법도가 문란해진다. 한 가정에 있어서도 이와 같거늘 하물며 관서官署에 있어서는 말할 것이 없다. 법을 세워서 금하되 우레와 같고 서릿발 같이 해야 한다閨門不嚴, 家道亂矣. 在家猶然, 況於官署乎. 立法申禁, 宜如雷如霜. *제가*.

**43.** 청탁이 행해지지 않고 뇌물이 들어오지 못한다면 이것이 집안을 바로잡은 것이라고 말할 수 있다干謁不行, 苞苴不入, 斯可謂正家矣. *제가*.

**44.** 물건을 살 때에 그 값을 따지지 않고, 사람을 위엄으로 부리지 않으면 그 규문은 곧 존경을 받을 것이다貿販不問其價, 役使不以其威, 則閨門尊矣. *제가*.

**45.** 집안에 애첩을 두면 부인은 이를 질투하기 마련이고 행동을 한번 잘못하면 소문이 사방으로 퍼진다. 일찍이 사욕邪慾을 끊어서 후회함이 없도록 해야 한다房之有嬖, 閨則嫉之, 擧措一誤, 聲聞四達, 早絶邪慾, 毋裨有悔. *제가*.

**46.** 어머니의 인자한 가르침이 있고 아내와 자식들이 계율을 지킨다면 이는 법도 있는 집안이라 말할 수 있고, 백성들이 이를 본받을 것이다慈母有敎, 妻子守戒, 斯之謂法家, 而民法之矣. *제가*.

**47.** 친척이나 친구들이 관내에 많이 살면 마땅히 거듭 엄중하게 약속해서 의심과 비방을 하는 일이 없게 하고, 좋은 정을 보전하도록 해야 할 것이다親戚故舊, 多居部內, 宜申嚴約束, 以絶疑謗, 以保情好. *屛客병객*.

**48.** 무릇 조정의 고관이 사사로이 편지하여 관절關節: 청탁과 비밀 거래로써 청탁하는 것을 들어 시행해서는 안 된다凡朝貴私書, 以關節相託者, 不可聽施. *병객*.

**49.** 가난한 친구와 궁한 친척이 먼 곳에서 찾아오면 마땅히 영접하여 후하게 대접해서 돌려보내야 한다貧交窮族, 自遠方來者, 宜卽延接, 厚遇以遣之. *병객*.

**50.** 수령 노릇을 잘하려는 자는 반드시 자애로워야 하고, 자애로우려면 반드시 청렴해야 하며, 청렴하려는 자는 반드시 검약해야 한다. 절용이란 곧 목민관의 으뜸되는 임무이다善爲牧者, 必慈, 欲慈者, 必廉, 欲廉者, 必約, 節

用者, 牧之首務也. *節用절용*.

**51.** 절약이란 한도를 두어 절제하는 것이다. 한도를 두어 절제하는 데에는 반드시 법식이 있어야 한다. 법식이란 곧 절용의 근본이다節者限制也, 限以制之. 必有式焉, 式也者, 節用之本也. *절용*.

**52.** 의복이나 음식은 반드시 검소한 것으로 법식으로 삼는다. 가볍게 그 법식을 넘어도 그 쓰는 것이 절도가 없어져버린다衣服飮食, 以儉爲式, 輕踰其式, 斯用無節矣. *절용*.

**53.** 사용私用을 절약하는 것은 무릇 사람마다 능히 할 수 있으나, 공고公庫를 절약하는 이는 드물다. 공물公物 보기를 사물私物처럼 한다면 그는 곧 어진 목민관이다私用之節, 夫人能之, 公庫之節, 民鮮能之, 視公如私, 斯賢牧也. *절용*.

**54.** 벼슬이 갈려 돌아가는 날에는 반드시 쓰고 남은 것을 장부에 기록하여야 하니, 장부에 기록할 액수를 마땅히 미리 준비하여야 한다遞歸之日, 必有記付, 記付之數, 宜豫備也. *절용*.

**55.** 절약만 하고 쓰지 않으면 친척이 멀어진다. 베풀기를 즐겨하는 것은 덕을 심는 근본이다節而不散, 親戚畔之, 樂施者, 樹德之本也. *樂施낙시*.

**56.** 가난한 친구와 궁한 친척은 힘이 있는 대로 도와주어야 한다貧交窮族 量力以周之. *낙시*.

**57.** 내 창고에 여유가 있어야 바야흐로 남들에게 베풀 수 있다. 나라의 재물을 훔쳐서 사사로이 사람을 도와주는 것은 예가 아니다我廩有餘, 方可施人. 竊公貨以賙私人, 非禮也. *낙시*.

**58.** 자기 봉급을 절약하여 지방 백성들에게 돌아가게 하고 자기 집에서 농사지은 곡식을 풀어서 친척들을 돌보아 준다면 원망이 없을 것이다節其官俸, 以還土民, 散其家穡, 以贍親戚, 則無怨矣. *낙시*.

**59.** 귀양살이하는 사람의 객지 살림이 곤궁하면 불쌍히 생각해서 돌보아 주는 것도 또한 어진 사람의 힘쓸 일이다謫徒之人, 旅瑣困窮, 憐而贍之, 亦仁人之務也. *낙시*.

**60.** 전란을 당하여 몹시 어수선할 때 떠돌아다니며 더부살이하는 사람을 보살펴 살 수 있게 하는 것이 의로운 사람의 행실이다干戈搶攘, 流離寄寓, 撫而存之, 斯義人之行也. *낙시*.

**61.** 권력 있고 세도 있는 집안을 후하게 섬겨서는 안 된다權門勢家, 不可以厚事也. *낙시*.

## ③ 봉공奉公 6조

**62.** 군수와 현령은 본래 임금의 은덕을 받들어 흐르게 하고承流 덕으로 교화를 널리 펴는 것인데宣化, 지금은 오직 감사에게 이 책임이 있다고 하는 것은 잘못된 것이다郡守縣令, 本所以承流宣化, 今唯監司, 謂有是責, 非也. *宣化선화*.

**63.** 임금의 명령綸音이 고을에 오면 마땅히 백성들을 불러 모아 몸소 널리 공포하여 임금님의 은덕을 알게 해야 한다綸音到縣, 宜聚集黎民, 親口宣諭, 俾知德意. *선화*.

**64.** 조정에서 내려온 명령을 백성이 기뻐하지 않아 받들어 시행할 수 없으면, 마땅히 병을 핑계하고 벼슬을 버려야 한다朝令所降, 民心弗悅, 不可以奉行者, 宜移疾去官. *선화*.

**65.** 법은 임금의 명령이다. 법을 지키지 않으면 임금의 명령을 따르지 않는 자라 할 수 있다. 신하된 자가 어찌 감히 그렇게 할 수 있겠는가法者君命也, 不守法, 是不遵君命者也, 爲人臣者, 其敢爲是乎. *守法수법*.

**66.** 확연히 법을 지켜서 굽히지도 말고 빼앗기지도 아니하면, 문득 사람의 사사로운 욕심이 물러나고 천리天理가 흘러 행하여 질 것이다確然持守, 不撓不奪, 便是人慾退聽, 天理之流行. *수법*.

**67.** 무릇 국법이 금하는 바와 형률에 실려 있는 바는 마땅히 조심조심 두려워하여 감히 함부로 범하는 일이 없어야 할 것이다凡國法所禁, 刑律所載, 宜慄慄危懼, 毋敢冒犯. *수법*.

**68.** 이익에 유혹되지 않고 위세에 굽히지 않는 것이 수령의 도리이다. 비록 상사가 독촉하더라도 받아들이지 않는 것이 있어야 한다不爲利誘, 不爲威屈, 守之道也, 雖上司督之, 有所不受. *수법*.

**69.** 법으로서 해로움이 없는 것은 지켜서 변경하지 말고, 관례로서 이치에 합당한 것은 준수하여 잃지 말도록 할 것이다法之無害者, 守而無變, 例之合理者, 遵而勿失. *수법*.

**70.** 읍례邑例는 한 고을의 법이니 그중에서 이치에 맞지 않는 것은 수정하여 지키도록 한다邑例者, 一邑之法也. 其不中理者, 修而守之. *수법*.

**71.** 예로써 교제하는 것은 군자가 신중히 여기는 바이니 공손함이 예의에 가까우면 치욕을 멀리할 수 있다禮際者, 君子之所愼也, 恭近於禮, 遠恥辱也. *禮制예제*.

**72.** 오직 상사가 명령하는 것이 공법公法에 어긋나고 민생을 해치는 것이라면 마땅히 의연하여 굽히지 말고 확연히 스스로 지켜야 한다唯上司所令, 違於公法, 害於民生, 當毅然不屈, 確然自守. *예제*.

**73.** 예는 공손하지 않으면 안되고, 의는 결백하지 않으면 안되나니, 예와 의가 아울러 온전하고 온화한 태도로 도에 맞는 것을 일러 군자라 한다禮不可不恭, 義不可不潔, 禮義兩全, 雍容中道, 斯之謂君子也. *예제*.

**74.** 이웃 고을과는 서로 화목하고 예로써 대하면 후회가 적을 것이다. 이웃 수령과는 형제의 우의가 있으니, 그가 비록 잘못이 있더라도 서로 틀어짐이 없도록 할 것이다鄰邑相睦, 接之以禮, 則寡悔矣. 鄰官有兄弟之誼, 彼雖有失, 無相猶矣. *예제*.

**75.** 전관前官에게 잘못이 있다면 이를 덮어주어 드러내지 말고, 전관에게 죄가 있거든 도와주어 죄가 되지 않도록 할 것이다前官有疵, 掩之勿彰, 前官有罪, 補之勿成. *예제*.

**76.** 공문서의 문안은 마땅히 정밀하게 생각하여 자신이 직접 기안할 것이며 아전의 손에 맡겨서는 안 된다公移文牒, 宜精思自撰, 不可委之於吏手. *文報문보*.

**77.** 농사의 작황 보고와 강우량과 저수량의 보고는 완급이 있는데, 요점은 모두 기한에 맞추어야만 무사하다農形之狀, 雨澤之狀, 有緩有急, 要皆及期,

及無事也. *문보*.

**78.** 재물은 백성으로부터 나오는 것이며 이것을 받아서 나라에 납부하는 것은 수령이다. 아전의 부정을 잘 살핀다면 비록 수령이 관대해도 피해가 없지만, 아전의 부정을 살피지 못하면 비록 엄하게 하여도 이익됨이 없을 것이다財出於民, 受而納之者 牧也. 察吏奸, 則雖寬無害, 不察吏奸, 則雖急無益. *貢納공납*.

**79.** 상사가 이치에 맞지 않는 일을 강제로 군현에 배정한다면 수령은 마땅히 이해를 두루 개진하여 봉행하지 않을 것을 기약해야 한다上司, 以非理之事, 强配郡縣, 牧宜敷陳利害, 期不奉行. *공납*.

**80.** 상사가 차출해서 파견하면 순순히 받들어 행하는 것이 마땅하다. 일이 있다거나 병을 핑계해서 스스로 편한 것을 꾀하는 것은 군자의 의가 아니다上司差遣, 並宜承順, 託故稱病, 以圖自便, 非君子之義也. *往役왕역*.

**81.** 시원試院에서 경관京官과 함께 고시관考試官으로 차출되어 과장科場에 나가게 되면 마땅히 한결같은 마음으로 공정하게 할 것이며, 만일 경관이 사적인 정을 행하려 한다면 불가함을 고집해야 한다試院同考, 差官赴場, 宜一心秉公, 若京官行私, 宜執不可. *왕역*.

**82.** 제방을 수리하고 성을 쌓는 일에 파견되어 가서 감독하게 되면 백성들을 위로하여 인심을 얻도록 힘써야 일이 성공할 것이다修隄築城, 差員往督, 悅以勞民, 務得衆心, 事功其集矣. *왕역*.

## ④ 애민愛民 6조

수령의 직책이 어찌 일곱 가지 일七事에만 그칠 것인가. 지금 위에서도 일곱 가지 일로 명령하고 아래서도 이로써 받들어서 한결같이 일곱 가지 외에는 다시 힘쓸 것이 없는 듯이 여긴다. 비록 인애仁愛하고 낙선樂善하는 사람이라도 망연히 착수할 바를 알지 못하니 어찌 한심스럽지 않은가? 『주례周禮』 대사도大司徒의 보식육정[保息六政: 자유慈幼, 양생養生, 진궁振窮, 휼빈恤貧, 관질寬疾, 안부安富]은 참으로 수령이 첫 번 째로 할 것이니, 여기에 그 뜻을 대략 옮겨서 애민 6조를 만들었다守令之職, 豈唯七事而已. 今也, 上以是詔之, 下以是承之, 壹若七事之外, 再無可勉. 雖仁愛樂善之人, 茫然不知所以著手, 豈不嗟哉. 周禮大司徒保息六政, 誠牧民之首務, 今檃括其意, 爲愛民六條.

**83.** 양로의 예가 폐지되어 백성들이 효도를 일으키지 않으니 목민관이 된 자는 다시 양로의 예를 거행하지 않으면 안된다養老之禮廢, 而民不興孝, 爲民牧者, 不可以不擧也. *養老양로.*

**84.** 양로의 예에는 반드시 좋은 말씀을 구하는 것이니 백성의 괴로움과 질병을 물어서 이 예에 맞추도록 할 것이다養老之禮, 必有乞言, 詢瘼問疾, 以當斯禮. *양로.*

**85.** 때때로 노인을 우대하는 혜택을 시행한다면 백성들이 노인을 공경할 줄 알 것이다以時行優老之惠, 斯民知敬老矣. *양로.*

**86.** 섣달그믐 이틀 전에 노인들에게 음식을 돌려야 한다歲除前二日, 以食物歸耆老. *양로*.

**87.** 어린이를 사랑하는 것은 선왕先王들의 큰 정사였으니 역대로 이를 행하여 아름다운 법으로 삼았다慈幼者, 先王之大政也, 歷代修之, 以爲令典. *慈幼자유*.

**88.** 백성이 곤궁하게 되면 자식을 낳아도 거두지 못하니, 그들을 타이르고 아이들을 길러서 내 자식처럼 보호하라民旣困窮, 生子不擧, 誘之育之, 保我男女. *자유*.

**89.** 흉년 든 해에는 자식 내버리기를 물건 버리듯 하니 거두어주고 길러주어 백성의 부모 노릇을 해야 한다歲值荒儉, 棄兒如遺, 收之養之, 作民父母. *자유*.

**90.** 만일 기근이 든 해가 아닌데도 아이를 버리는 자가 있으면 사람을 구하여 거두어 기르게 하고 그 양식을 관官에서 보조하여야 한다若非饑歲, 而有遺棄者, 募民收養, 官助其糧. *자유*.

**91.** 홀아비鰥, 과부寡, 고아孤, 늙어 자식 없는 사람獨을 사궁四窮이라 하는데, 이들은 곤궁하여 스스로 일어날 수 없고, 남의 도움을 받아야 일어설 수 있다. 진振이란 떨쳐 일어나는 것이다鰥寡孤獨, 謂之四窮, 窮不自振, 待人以起, 振者擧也. *振窮진궁*.

**92.** 과년하도록 결혼을 못한 사람은 관아에서 마땅히 혼인시켜 줘야 한다過歲不婚聚者, 官宜成之. *진궁*.

**93.** 혼인을 권장하는 정사는 우리나라 역대 임금이 남긴 법이니 수령은 마땅히 성심으로 준수해야 할 것이다勸婚之政, 是我列聖遺法, 令長之所宜恪遵

也. *진궁*.

**94.** 홀아비와 홀어미를 혼인시키는 합독合獨의 정사도 또한 행하여야 한다合獨之政, 亦可行也. *진궁*.

**95.** 상喪을 당한 사람에게 부역을 면해 주는 것이 옛날의 도이다. 수령이 전결할 수 있는 것은 모두 줄여 주는 것이 좋다有喪蠲徭, 古之道也. 其可自擅者, 皆可蠲也. *哀喪애상*.

**96.** 지극히 곤궁하고 가난한 백성이 있어 죽어도 염습을 하지 못하고 구덩이에 버리려는 자가 있을 때에는 관아에서 돈을 주어 장사 지내도록 해야 한다民有至窮極貧, 死不能斂, 委之溝壑者, 官出錢葬之. *애상*.

**97.** 기근과 전염병으로 사망자가 속출하면 거두어 매장해 주는 정사를 곤궁한 백성을 구원하여 도와주는 일과 함께 시행하여야 한다其或饑饉癘疫, 死亡相續, 收瘞之政, 與賑恤偕作. *애상*.

**98.** 혹시 먼 객지에서 벼슬살이를 하던 사람의 관棺이 고을을 지나게 되면, 그 운구를 돕고 비용도 도와주는 것을 충후忠厚하게 하도록 힘써야 한다或有客宦遠方, 其旅櫬過邑, 其助運助費, 務要忠厚. *애상*.

**99.** 불구자와 중병 환자에게는 신역身役을 면제해 주어야 하는데 이것을 관질寬疾이라고 한다廢疾篤疾者, 免其征役. 此之謂寬疾也. *寬疾관질*.

**100.** 곱사등이나 불치병자들이 자력으로 살아갈 수 없는 경우 의탁할 곳과 살아갈 길을 마련해 주어야 한다廢癃殘疾, 力不能自食者, 有寄有養. *관질*.

**101.** 군졸들 중에서 병들고 추위와 굶주림으로 곤경에 처한 자에게는

의복과 음식을 주어서 죽지 않도록 해야 한다軍卒羸病, 困於凍餒者, 贍其衣飯, 裨無死也. *관질*.

**102.** 염병이 유행하면 민간의 풍속은 꺼리는 것이 많다. 이를 어루만지고 치료해 주어 두려워하지 않도록 해주어야 한다瘟疫流行, 蚩俗多忌. 撫之療之, 裨無畏也. *관질*.

**103.** 염병과 천연두 및 여러 민간 병으로 요사夭死하는 천재天災가 유행할 때에는 마땅히 관아에서 구조하여야 한다瘟疫癱疹, 及諸民病, 死亡夭札, 天災流行, 宜自官救助. *관질*.

**104.** 유행병이 돌면 사망자가 아주 많이 생긴다. 구호하고 치료하고 매장해 준 사람에게 포상해 주도록 청하여야 한다流行之病, 死亡過多, 救療埋葬者, 宜請賞典. *관질*.

**105.** 수재나 화재에 대해서는 국가에서 구제하는 법이 있으니 삼가 정성스럽게 행할 것이며, 마땅히 일정한 법전 이외에 별도로 목민관이 스스로 구휼해야 한다水火之災, 國有恤典, 行之惟謹, 宜於恒典之外, 牧自恤之. *救災구재*.

**106.** 무릇 재해와 액운이 있으면 불타는 것을 구해내고 물에 빠진 것을 구해내기를 마땅히 자기 집이 불타고 자신이 물에 빠진 것 같이하여야 하며 미적거려서는 안 된다凡有災厄, 其救焚拯溺, 宜如自焚自溺, 不可緩也. *구재*.

**107.** 환란이 있을 것이라 생각하고 미리 예방하는 것은 이미 재앙을 당하여 은혜를 베푸는 것보다 나은 것이다思患而豫防, 又愈於旣災而施恩. *구재*.

**108.** 제방을 쌓고 언덕을 만들어서 수재도 방지하고 수리水利도 일으

키는 것은 두 가지 이익을 얻는 방법인 것이다若夫築堤設堰, 以捍水災, 以興水利者 兩利之術也. 구재.

**109.** 그 재해가 이미 물러가면 백성을 어루만져 주고 안정시켜 주어야 하니, 이 또한 목민관의 어진 정사이다其害旣去, 撫綏安集, 是又民牧之仁政也. 구재.

## ⑤ 이전吏典 6조

**110.** 아전을 단속하는 근본은 자기 자신을 규제함에 있다. 자신의 몸가짐이 바르면 명령하지 않아도 일이 시행될 것이요, 자신의 몸가짐이 바르지 못하면 명령을 하여도 시행되지 않을 것이다束吏之本, 在於律己. 其身正, 不令而行, 其身不正, 雖令不行. 束吏속리.

○ 백성은 토지로써 논밭을 삼지만, 아전들은 백성으로써 논밭을 삼는다. 백성의 껍질을 벗기고 골수를 긁어내는 것으로써 농사짓는 일로 여기고 머릿수를 모으고 마구 거두어들이는 것으로써 수확하는 일을 삼는다. 이러한 습성이 이루어져서 당연한 짓으로 여기게 되었으니, 아전을 단속하지 아니하고서 백성을 다스릴 수 있는 자는 없을 것이다. 그러나 자기에게 허물이 없고서야 다른 사람을 나무랄 수가 있는 것이 천하의 일반 이치이니, 수령의 소행이 족히 다른 사람을 신복信服시키지 못하면서 오직 아전 단속하기를 위주로 한다면, 명령해도 반드시 시행되지 않

으며 금지해도 반드시 그쳐지지 않고 위엄이 떨치지 않을 것이며 법이 서지도 않을 것이다. 스스로 황음한 짓을 하면서도 항상 말하기를 "아전들의 습속이 극악하다."고 하는 것은 통할 수 없는 논리이다民以土爲田, 吏以民爲田, 剝膚椎髓, 以爲耕耨, 頭會箕斂, 以爲刈穫, 習與性成認爲當然, 不束吏而能牧民者, 未之有也. 然無諸己而後, 非諸人者, 天下之達道也, 牧之所爲. 不足厭服, 而惟以束吏爲主, 令必不行, 禁必不止, 威必不振, 法必不立. 自荒自淫, 而常曰, 吏俗極惡者, 不通之論也.

**111.** 윗사람으로 있으면서 너그럽지 못한 것은 성인이 경계한 바이니, 너그러우면서도 해이하지 않으며 어질면서도 나약하지 않다면 일을 그르치는 바가 없을 것이다居上不寬, 聖人攸誡, 寬而不弛, 仁而不懦, 亦無所廢事矣. *속리*.

**112.** 타이르고 감싸주며 가르치고 깨우쳐주면 아전들 역시 사람의 성품을 타고난지라 바로잡아지지 않는 자가 없을 것이니, 위엄부터 먼저 베풀어서는 안 된다誘之掖之, 教之誨之, 彼亦人性, 未有不格, 威不可先施矣. *속리*.

**113.** 타일러 주어도 깨우치지 못하고 가르쳐도 고치지 않으며 세력을 믿고 속여서 크게 악하거나 간악한 자는 형벌로써 다스려야 한다誘之不牖, 教之不悛, 怙終欺詐, 爲元惡大奸者, 刑以臨之. *속리*.

**114.** 매우 악하고 간악한 자의 우두머리는 감영監營 밖에다 비석을 세우고 이름을 새겨서 영구히 다시 복직하지 못하게 해야 한다元惡大奸, 須於布政司外, 立碑鐫名, 永勿復屬. *속리*.

**115.** 수령이 좋아하는 바를 아전이 영합하지 않음이 없으니, 내가 재물

을 좋아하는 것을 알면 반드시 이利로써 유혹할 것이다. 한 번 유혹된다면 곧 그들과 함께 죄에 빠지게 된다牧之所好, 吏無不迎合, 知我好財, 必誘之以利. 一爲所誘, 則與之同陷矣. *속리*.

**116.** 알지 못하면서도 아는 체하고 응대하기를 물 흐르듯 막힘없이 하는 것은 수령이 아전의 술수에 떨어지는 까닭이 된다不知以爲知, 酬應如流者, 牧之所以墮於吏也. *속리*.

**117.** 아전들이 구걸하면 백성들은 고통스러워하고 괴로워한다. 금지하고 단속하여 간악한 짓을 못하도록 하여야 한다吏之求乞, 民則病之, 禁之束之, 無俾縱惡. *속리*.

**118.** 부하를 통솔하는 방법은 위엄과 믿음이 있을 뿐이다. 위엄은 청렴한 데서 나오고 믿음은 성실한 데서 나오는 것이니, 성실하고 능히 청렴하여야 이에 뭇 사람을 복종시킬 수 있다馭衆之道, 威信而已. 威生於廉, 信由於忠, 忠而能廉, 斯可以服衆矣. *馭衆어중*.

**119.** 나라를 다스리는 것은 사람 쓰기에 달려 있으니, 군郡과 현縣이 비록 작으나 사람을 쓰는 일은 다르지 않다爲邦, 在於用人, 郡縣雖小, 其用人, 無以異也. *用人용인*.

**120.** 아첨하기 좋아하는 자는 충성스럽지 않고 간쟁諫諍하기를 좋아하는 자는 배반하지 않는다. 이를 살핀다면 실수하는 일이 적을 것이다善諛者不忠, 好諫者不偝, 察乎此 則鮮有失矣. *용인*.

**121.** 관내에 경전에 밝고 행실을 독실篤實하게 닦는 선비가 있으면 마땅

히 몸소 나아가 그를 방문하고 명절에 찾아가 예를 닦아야 할 것이다部內有經行篤修之士, 宜躬駕以訪之, 時節存問 以修禮意. *擧賢거현*.

**122.** 목민관은 우뚝 고립되어 있어 내가 앉아 있는 그 자리 밖은 모두 나를 속이려는 자들이다. 눈을 사방에 밝히고 귀를 사방에 통하게 하는 것은 오직 제왕만이 그러해야 하는 것은 아니다牧, 子然孤立, 一榻之外, 皆欺我者也, 明四目, 達四聰, 不唯帝王然也. *察物찰물*.

**123.** 항통缿筩: 투서함의 법은 백성들로 하여금 걸음을 무겁게 하고 서로 눈치를 살피게 하는 것이니 결코 행해서는 안 된다. 구거鉤距: 남의 마음속을 떠보는 것식의 질문은 또한 간휼한 속임수에 가까운 것이니 군자로서 할 짓이 아니다缿筩之法, 使民重足側目, 決不可行. 鉤距之問, 亦近譎詐, 君子所不爲也. *찰물*.

**124.** 무릇 미세한 허물과 작은 흠은 마땅히 용인하여 덮어둘 것이니 샅샅이 밝혀내는 것은 현명한 일이 아니다. 가끔씩 농간을 적발해 내서 그 기미를 살핌이 귀신과  같다면 백성들이 두려워한다凡細過小疵, 宜含垢藏疾, 察察非明也. 往往發奸, 其機如神, 民斯畏之矣. *찰물*.

**125.** 좌우에 가까이 있는 사람들의 말을 그대로 믿고 들어서는 안 된다. 비록 한가롭게 하는 말 같지만 모두 사사로운 뜻이 들어 있기 때문이다左右近習之言, 不可信聽, 雖若閑話, 皆有私意. *찰물*.

**126.** 아전들의 하는 일도 반드시 그 공적을 고과해야 한다. 그들의 공적을 고과하지 않으면 백성들을 권면할 수 없다吏事必考其功, 不考其功, 則民不勸. *考功고공*.

## ⑥ 호전戶典 6조

**127.** 목민관의 직책 54조 중에서 전정田政이 가장 어렵다. 이것은 우리 나라의 양전법量田法이 본래 좋지 못하기 때문이다牧之職, 五十四條, 田政最難, 以吾東田法, 本自未善也. *田政전정.*

**128.** 양전量田 하는 법은 아래로는 백성을 해치지 않고 위로는 나라에 손해 나지 않게 하는 것이니 오직 고르게 해야 한다. 먼저 적임자를 얻은 후에야 논의할 수 있다量田之法, 下不害民, 上不損國, 唯其均也. 唯先得人, 乃可議也. *전정*

**129.** 묵은 전답의 개간은 백성들에게만 의지할 수 없으니 목민관은 마땅히 지성으로 경작을 권장하고 또한 그 힘을 도와줘야 한다陳田起墾, 不可恃民, 牧宜至誠勸耕, 又從而助其力. *전정.*

**130.** 비록 백성들이 바치는 기한을 어겨도 아전을 풀어 독촉한다면 이는 양떼의 우리 속에 호랑이를 풀어놓는 것과 같으니 반드시 해서는 안 된다雖民輸愆期, 縱吏催科, 是猶縱虎於羊欄, 必不可爲也. *稅法세법.*

**131.** 환상還上=還子: 환곡의 별칭, 춘궁기에 농민들에게 식량을 꾸어 주고 가을에 이자를 붙여서 받는 것은 사창社倉: 흉년에 가난한 백성을 구제하기 위해 설치한 창고. 환자는 관에서, 사창은 민간에서 자치적으로 하는 것임이 일변한 것이다. 조적糶糴도 아니면서 백성의 뼈를 깎는 병폐가 되었으니, 백성이 죽고 나라가 망해가는 급박한 일이 되어버렸다還上者, 社倉之一變, 非糶非糴, 爲生民切骨之病, 民劉國亡, 呼吸之事也. *穀簿곡부.*

**132.** 수령이 농간질 하여 남은 이익을 훔치니 아전들의 농간질은 말할 것이 없다守臣飜弄, 竊其贏羨之利, 胥吏作奸, 不足言也. *곡부*.

**133.** 윗물이 이미 흐리니 아랫물이 맑기 어렵다. 아전이 농간을 부리는데 온갖 방법이 갖추어지지 않은 것이 없고 귀신같이 간활해서 밝게 살피지 못한다上流旣濁, 下流難淸. 胥吏作奸, 無法不具, 神姦鬼滑, 無以昭察. *곡부*.

**134.** 혹 백성의 가구 수는 많지 않은데 환곡이 너무 많은 것은 청하여서 감해주고 환곡이 너무 적어서 백성을 구제할 방법이 없으면 청하여 이를 증가시켜야 한다其或民戶不多, 而穀簿太溢者, 請而減之, 穀簿太少, 而接濟無策者, 請而增之. *곡부*.

**135.** 호적은 모든 부세賦稅의 근원이며 모든 요역徭役의 근본이니 호적이 정비된 후라야 부세와 요역이 균평해질 것이다戶籍者, 諸賦之源, 衆徭之本, 戶籍均而後賦役均. *戶籍호적*.

**136.** 나이를 높이는 자, 나이를 낮추는 자, 거짓으로 유생儒生이라고 하는 자, 관작官爵을 거짓 꾸며 행세하는 자, 거짓으로 홀아비라고 하는 자, 거짓으로 호적에 과거에 합격했다고 올리는 자는 모두 조사하여 금할 것이다增年者, 減年者, 冒稱幼學者, 僞戴官爵者, 假稱鰥夫者, 詐爲科籍者, 並行查禁. *호적*.

**137.** 부역을 공평하게 하는 것은 수령이 할 일 일곱 가지 중에서 중요한 임무이다. 무릇 고르지 못한 부賦는 징수해서는 안되니, 저울 한 눈금만큼이라도 공평하지 않으면 정치라고 할 수 없다賦役均者, 七事之要務也. 凡不均之賦, 不可徵錙銖不均, 非政也. *平賦평부*.

**138.** 교묘하게 명목을 만들어 수령의 주머니로 들어가는 것은 모두 없앨 것이다. 여러 가지 조목 중 허위로 만들어진 것은 다 삭제해서 백성들의 부담을 가볍게 해주어야 한다其巧設名目, 以歸官囊者, 悉行蠲減, 乃就諸條, 刪其濫僞, 以輕民賦. *평부*.

**139.** 옛날의 현명한 수령은 권농을 부지런히 하는 것을 자기의 명성과 공적으로 삼았으니 권농은 수령의 으뜸가는 책무이다古之賢牧, 勤於勸農, 以爲聲績, 勸農者, 民牧之首務也. *勸農권농*.

**140.** 권농의 요체는 세금을 덜어 주고 부역을 가볍게 함으로써 그 근본을 북돋아 주는 데 있으니, 그렇게 하면 토지가 개간되고 넓혀진다勸農之要, 又在乎蠲稅薄征, 以培其根, 地於是墾闢矣. *권농*.

**141.** 권농의 정책은 오직 곡식을 심고 가꾸는 것만을 권장하는 것이 아니라 나무를 기르고 목축을 하며 누에를 치고 길쌈 등도 권장하지 않으면 안된다勸農之政, 不唯稼穡是勸, 樹藝畜牧蠶績之事, 靡不勸矣. 권농.

**142.** 농사는 먹는 것의 근본이 되고 양잠은 입는 것의 근본이 된다. 그러므로 백성들에게 뽕나무를 심어 가꾸게 하는 것은 수령의 중요한 임무이다農者食之本, 桑者衣之本, 故課民種桑, 爲守令之要務. *권농*.

**143.** 농기계와 베 짜는 기구를 만들어서 백성들이 편리하게 사용하게 해서 백성들의 생활을 넉넉하게 해주는 것도 또한 목관이 힘써야 할 일이다作爲農器織器, 以利民用, 以厚民生, 亦民牧之攸務也. *권농*.

**144.** 농사란 소를 부려서 짓는 것이니 관청에서 소를 제공하기도 하고

백성들에게 소를 빌려주도록 권장하고 또한 권농하는 데 항상 힘써야 할 것이다農以牛作, 或自官給牛, 或勸民借牛, 亦勸農之恒務也. *권농*

**145.** 농사는 소를 부려서 짓는 것이니 진실로 농사를 권장하려면 마땅히 도살을 경계하고 목축을 권장하여야 한다農以牛作, 誠欲勸農, 宜戒屠殺, 而勸畜牧. *권농*.

## ⑦ 예전禮典 6조

**146.** 혹시 고을에 음사淫祀: 귀신에게 지내는 제사가 있어 잘못된 관례가 전해오는 경우에는 마땅히 선비와 백성들을 깨우쳐서 이를 헐어 버리도록 도모할 것이다其或邑有淫祀, 謬相傳者, 宜曉諭士民, 以圖撤毁. *祭祀제사*.

**147.** 오늘날 감사監司가 관내를 순행하는 것은 천하의 큰 폐단이다. 이 폐단을 개혁하지 않는다면 부역이 번거롭고 무거워 백성들이 모두 못살게 될 것이다今監司巡歷, 天下之巨弊也. 此弊不革, 則賦役煩重, 民盡劉矣. *賓客빈객*.

**148.** 옛날의 어진 수령은 그 상관을 대접하는 것이 감히 예법을 넘어서지 않았다. 그 아름다운 행적은 다 책에 실려 있다古之賢牧, 其接待上官, 不敢踰禮, 咸有芳徽, 布在方冊. *빈객*.

**149.** 목민관의 직분은 백성을 가르치는 일일 따름이다. 그 전산田産을 고르게 하는 것도 장차 가르치기 위함이요, 부세와 요역을 고르게 하는 것도 장차 가르치기 위함이요, 관청을 설치하여 수령을 두는 것도 장차 가르

치기 위함이요, 죄를 밝히고 법규를 갖추는 것도 장차 가르치기 위함이다. 모든 정사가 닦여지지 않아서 교육을 일으킬 겨를이 없었으니 이는 백세에 이르도록 선치善治가 없었던 것이다民牧之職, 教民而已. 均其田産, 將以教也, 平其賦役, 將以教也, 設官置牧, 將以教也, 明罰飭法, 將以教也. 諸政不修, 未遑興教, 此百世之所以無善治也. *教民교민*.

**150.** 옛 사람들의 훌륭한 언행을 백성들에게 권유하여 백성들의 귀와 눈에 익숙해지게 하면 또한 교화하고 이끌어 나가는 데 도움이 될 것이다前言往行, 勸諭下民, 使之習慣於耳目, 亦或有助於化導. *교민*.

**151.** 가르치지 아니하고서 형벌하는 것은 백성을 속이는 것이다. 비록 흉악한 불효자일지라도 일단 가르치고 나서 고치지 아니하면 죽일 것이다不教而刑. 謂之罔民, 雖大憝不孝者, 姑唯教之, 不悛乃殺. *교민*.

**152.** 형제가 우애하지 않고 쟁송爭訟을 일삼으며 부끄럽게 여기지 않는 자라도 또한 이를 가르쳐야 하며 함부로 죽이지 말라兄弟不友, 鬩訟無恥者, 亦姑教之, 勿庸殺之. *교민*.

**153.** 먼 구석에 떨어진 변방은 임금의 교화가 미치기 어려우니 예속을 권장하고 시행하는 것 또한 목민관이 먼저 힘써야 할 일이다遐陬絶徼, 遠於王化, 勸行禮俗, 亦民牧之先務也. *교민*.

**154.** 효자와 열녀와 충신과 절사節士는 가리어진 빛을 밝게 드러내서 정표旌表: 선행 표창할 것을 도모하는 것 또한 목민관의 직책이다孝子烈女, 忠臣節士, 闡發幽光, 以圖旌表, 亦民牧之職也. *교민*.

**155.** 과격한 행동이나 편협한 의리 같은 것을 숭상하고 장려하는 유폐流弊의 길을 열어놓지 말아야 그 의리가 정精하다若夫矯激之行, 編狹之義, 不宜崇奬, 以啓流弊, 其義精也. *교민*.

**156.** 옛날의 소위 학교에서는 예를 익히고 악樂을 익혔었다. 그런데 지금은 예가 무너지고 악이 무너져서 학교 교육은 독서에 그치고 있을 뿐이다古之所謂學校者, 習禮焉, 習樂焉, 今禮壞樂崩, 學校之敎, 讀書而已. *興學흥학*.

**157.** 배움이란 스승에게서 배운다는 것이다. 스승이 있은 후에 배움이 있는 것이니, 학덕이 높은 사람을 초빙하여 스승으로 삼은 후에야 배움의 규칙學規을 논의할 수 있다學者, 學於師也. 有師而後有學, 招延宿德, 使爲師長, 然後學規, 乃可議也. *흥학*.

**158.** 학교 건물을 수리하고 재정을 관리하며 널리 서적을 비치하는 것도 역시 어진 목민관이 마음을 써야 할 일이다修葺堂廡, 照管米廩, 廣置書籍, 亦賢牧之所致意也. *흥학*.

**159.** 단아하고 방정方正한 자를 뽑아 교장으로 삼고 그를 모범으로 삼아 예로써 대우하여 염치를 기르게 할 것이다簡選端方, 使爲齋長, 以作表率, 待之以禮, 養其廉恥. *흥학*.

**160.** 9월에는 양로養老의 예를 행하여 노인을 노인으로 대접하는 도리를 가르치며, 10월에는 향음鄕飮의 예를 행하여 어른을 어른으로 대접하는 도리를 가르치며, 2월에는 향고饗孤: 고아들을 위한 잔치의 예를 행하여 고아를 돌보는 도리를 가르치도록 할 것이다季秋行養老之禮, 敎以老老, 孟冬行鄕飮之

禮, 敎以長長, 仲春行饗孤之禮 敎以恤孤. *흥학*.

**161.** 궁실宮室, 거마車馬, 의복衣服, 기용器用 등을 참람하게 사치하는 것이 법도를 넘어서는 자는 모두 마땅히 엄금해야 할 것이다宮室車乘, 衣服器用, 其僭侈踰制者, 悉宜嚴禁. *辨等변등*.

**162.** 과거科擧 공부는 사람의 마음씨를 파괴하는 것이지만 관리를 등용하는 과거법을 고치지 않는 한, 그 공부를 권하지 않을 수 없으니 이를 일러 과예課藝라고 한다 科擧之學, 壞人心術, 然選擧之法未改, 不得不勸其肄習, 此之謂課藝. *課藝과예*.

**163.** 근세 이래로 문체文體가 비속卑俗해져 구법句法은 경박하여 어그러졌으며 편법篇法: 글을 짓는 법도 짧고 절박해졌으니 이를 바로잡지 않으면 안된다近世以來, 文體卑下, 句法澆悖, 篇法短促, 不可以不正也. *과예*.

**164.** 총명하고 기억력이 좋은 어린 아이들을 따로 뽑아서 가르쳐야 한다童蒙之聰明强記者, 別行抄選, 敎之誨之. *과예*.

**165.** 과예를 권장하여 과거에 합격하는 자가 잇달아 나와 문명한 고을이 되면 역시 목민관의 지극한 영광이다課藝旣勸, 科甲相續, 遂爲文明之鄕, 亦民牧之至榮也. *과예*.

## ⑧ 병전兵典 6조

**166.** 첨정簽丁하여 군포軍布를 거두는 법은 양연梁淵: ?-1542에서 시작되

어 오늘에 이르렀는데 폐단이 크고 넓어서 백성들의 뼈를 깎는 병폐가 되었다. 이 법을 고치지 않는다면 백성은 모두 죽게 될 것이다簽丁收布之法, 始於梁淵, 至于今日, 流波浩漫, 爲生民切骨之病. 此法不改, 而民盡劉矣. *簽丁첨정*.

**167.** 군적軍籍의 기초가 되는 장부를 정리하려면 먼저 계방契房을 혁파해야 할 것이며, 서원, 역촌驛村, 호호豪戶: 토호, 대묘大墓 등 여러 가지 병역을 도피하는 소굴을 조사하지 않을 수 없다欲修尺籍, 先破契房, 而書院驛村豪戶大墓, 諸凡逃役之藪, 不可不査括也. *첨정*.

**168.** 군포軍布를 거두는 날에는 목민관이 직접 받아야 한다. 아전들에게 맡기면 백성들의 비용이 갑절이 될 것이다收布之日, 牧宜親受, 委之下吏, 民費以倍. *첨정*.

**169.** 족보를 위조하고 직첩을 몰래 사서 군역의 첨정을 면하려는 자는 엄하게 다스리지 않을 수 없다僞造族譜, 盜買職牒, 圖免軍簽者, 不可以不懲也. *첨정*.

**170.** 군중軍中에서의 수탈은 군율軍律이 지엄하니 사사로이 연습할 때나 공적으로 훈련할 때 마땅히 이 폐단을 살펴야 할 것이다軍中收斂, 軍律至嚴, 私練公操, 宜察是弊. *練卒연졸*.

**171.** 병兵이란 병기兵器이다. 병기는 백 년을 쓰지 않더라도 하루도 갖추지 않을 수 없다. 병기를 정비하는 일은 지방을 지키는 신하의 직무이다兵者, 兵器也. 兵可百年不用, 不可一日無備. 修兵者, 土臣之職也. *修兵수병*.

**172.** 우리나라 풍속이 부드럽고 조심스러워 무예를 즐기지 않고 익히는 것은 오직 활쏘기뿐이었는데 그것도 요즈음은 익히지 않는다. 무예를

권장하는 것이 오늘날의 급선무이다東俗柔謹, 不喜武技, 所習惟射, 今亦不習. 勸武者, 今日之急務也. *勸武권무*.

**173.** 무릇 괘서掛書나 투서는 불살라 없애 버리거나 혹은 묵묵히 살펴볼 것이다凡掛書投書者, 或焚而滅之, 或默而察之. *應變응변*.

**174.** 강도나 유적流賊들이 서로 모여서 난을 일으킨다면 타일러서 항복하도록 하거나 계교로써 사로잡아야 한다強盜流賊, 相聚爲亂, 或諭以降之. 或計以擒之. *응변*.

**175.** 외침의 환란을 당하면 지방을 지키는 신하는 마땅히 관할하는 지역을 지켜야 하며 그 방어 책임은 장신將臣과 같은 것이다値有寇難, 守土之臣, 宜守疆域, 其防禦之責, 與將臣同. *禦寇어구*.

**176.** 병화兵火가 미치지 않는 곳에서는 백성을 어루만져 편안케 하고 인재를 기르고 농사를 권장해서 군비의 조달을 넉넉하게 하는 것도 또한 지방을 지키는 직분이다兵所不及, 撫綏百姓, 務材訓農, 以贍軍賦, 亦守土之職也. *어구*.

## ⑨ 형전刑典 6조

**177.** 청송聽訟의 근본은 성의에 있고 성의의 근본은 신독愼獨에 있다聽訟之本, 在於誠意. 誠意之本, 在於愼獨. *聽訟청송*.

**178.** 그 다음은 먼저 내 몸가짐을 규율하는 것이니, 훈계하고 가르치며 억울함을 풀어 주면 또한 송사訟事하는 일이 없어질 것이다其次律身, 戒之誨

之. 枉者伸之, 亦可以無訟矣. *청송*.

**179.** 송사 처리를 물 흐르는 것처럼 하는 것은 타고난 재능이 있어야만 되는 일이니 그 방법은 위험하다. 송사 처리를 반드시 하나하나 따져 하는 것은 마음을 다해서 되는 일이니 확실한 방법이다. 그러므로 사송詞訟을 줄이고자 하는 자는 그 판결이 반드시 늦어지나니 한 번 판결을 내린 후에는 다시 일어나지 않게 하기 위해서이다聽訟如流, 由天才也. 其道危. 聽訟必核盡人心也, 其法實, 故欲詞訟簡者, 其斷必遲, 爲一斷而不復起也. *청송*.

**180.** 막히고 가려져서 통하지 못하면 민정民情이 답답해진다. 달려와서 호소하려는 백성들로 하여금 부모의 집에 들어오는 것같이 한다면 이는 어진 목민관이다壅蔽不達, 民情以鬱, 使赴愬之民, 如入父母之家. 斯良牧也. *청송*.

**181.** 골육끼리의 쟁송으로 의를 잊고 재물에 목숨을 거는 자는 마땅히 엄하게 징치하여야 한다骨肉之爭, 忘義殉財者, 懲之宜嚴. *청송*.

**182.** 죄의 유무와 경중에 대한 판단 단옥斷獄의 요체는 밝게 살피고 신중히 생각하는 데 있을 뿐이다. 사람의 죽고 삶이 나 한 사람의 살핌에 있으니 밝게 살피지 않을 수 있겠으며, 사람의 죽고 삶이 나 한사람의 생각함에 매여 있으니 신중하지 않을 수 있겠는가斷獄之要, 明愼而已, 人之死生, 係我一察, 可不明乎, 人之死生, 係我一念, 可不愼乎. *斷獄단옥*.

**183.** 혹리酷吏로서 참혹하고 각박하게 해서 오로지 법조문만을 따져서 그 위엄과 밝음을 드러내고자 하는 자는 대부분 뒤끝이 좋지 않았다酷吏慘刻, 專使文法, 以逞其威明者, 多不善終. *단옥*.

**184.** 무고誣告하여 옥사를 일으키려고 하는 것을 도뢰圖賴라고 하는데 엄히 다스려서 용서해 주지 말 것이며 법에 따라 반좌율[反坐律: 동태복수법同態復讐法 무고로 남을 죄에 빠지게 한 자에게 피해자와 동일한 죄로 처벌]을 적용해야 할 것이다誣告起獄, 是名圖賴, 嚴治勿赦, 照律反坐. *단옥*.

**185.** 크고 작은 옥사의 판결은 모두 시한이 있는데 세월을 끌어 죄인을 늙어죽도록 내버려두는 것은 법이 아니다大小決獄, 咸有日限, 經年閱歲, 任其老瘦, 非法也. *단옥*.

**186.** 수령이 집행할 수 있는 형벌은 태笞 50대 이내에서 스스로 결단하는 정도이니 그 이상을 넘는 것은 모두 남형濫刑이다守令所用之刑, 不過笞五十自斷, 自此以往, 皆濫刑也. *愼刑신형*.

**187.** 형벌로써 백성을 바르게 하는 것은 최하의 수단이다. 자신을 단속하고 법을 받들어서 장엄하게 임한다면 백성이 법을 범하지 않을 것이니 형벌은 없애 버려도 좋을 것이다刑罰之於以正民, 末也. 律己奉法, 臨之以莊, 則民不犯, 刑罰雖廢之可也. *신형*.

**188.** 부녀자에게 큰 죄가 있지 않으면 마땅히 형벌을 결행하지 않아야 한다. 신장訊杖은 오히려 괜찮으나 볼기를 치는 것은 더욱 욕스런 일이다婦女, 非有大罪, 不宜決罰. 訊杖猶可, 笞臀尤褻. *신형*.

**189.** 늙은이와 어린이를 고문해서는 안 된다고 법조문에 실려 있다老幼之不拷訊, 載於律文. *신형*.

**190.** 감옥이라는 것은 이승의 지옥이다. 감옥에 갇힌 죄수의 고통은 어

진 사람들이 마땅히 살펴야 할 일이다獄者, 陽界之鬼府也, 獄囚之苦, 仁人之所宜察也. *恤囚휼수*.

**191.** 감옥 안에서 토색討索을 당하는 것은 남모르게 당하는 원통한 일이다. 능히 이 원통함을 살필 수 있어야 현명하다고 말할 수 있다獄中討索, 覆盆之寃也. 能察此寃, 可謂明矣. *휼수*.

**192.** 오랫동안 집을 떠나 감옥에 갇혀 있어서 자녀의 생산이 끊기게 된 자에게 그 정상과 소원을 받아들여 자비와 은혜를 베풀어야 한다久囚離家, 生理遂絶者, 體其情願, 以施慈惠. *휼수*.

**193.** 유배된 사람은 집을 떠나 멀리 귀양살이를 하는 것이므로 그 정상이 슬프고 측은하니 집과 곡식을 주어 편안히 살게 하는 것도 또한 목민관의 책무이다流配之人, 離家遠謫, 其情悲惻, 館穀安挿, 牧之責也. *휼수*.

**194.** 횡포와 난동을 금지하는 것은 백성을 편안하게 하는 것이다. 호강豪强을 쳐서 누르되 임금이나 귀족의 측근으로 세력이 있는 자를 꺼려하지 않는 것은 목민관으로서 마땅히 힘써야 할 일이다禁暴止亂, 所以安民, 搏擊豪强, 毋憚貴近, 亦民牧之攸勉也. *禁暴금폭*.

**195.** 임금을 경호하는 군대가 총애를 믿고 날뛰거나 내관이 방자한 짓을 하는 등 갖가지 권력을 빙자하는 일들은 모두 금해야 한다禁軍怙寵, 內官橫恣, 種種憑藉, 皆可禁也. *금폭*.

**196.** 토호土豪의 무단武斷적인 행동은 약한 백성에게는 승냥이나 호랑이 같은 것이다. 승냥이와 호랑이를 제거하여 양같이 순한 백성을 살려야만 이

를 목민관이라고 할 수 있다土豪武斷, 小民之豺虎也. 去害存羊, 斯謂之牧. *금폭*.

**197.** 세력이 강한 사람豪强들의 횡포가 약한 백성들에게 독을 끼치고 병들게 하는데 그 방법이 너무도 많아서 일일이 들 수가 없다豪强之虐, 毒痡下民, 其竇尙多, 不可枚擧. *금폭*.

**198.** 협잡과 음란을 일삼아 기생을 데리고 놀며 창녀와 잠을 자는 것을 금해야 한다狹邪奸淫, 携妓宿娼者, 禁之. *금폭*.

**199.** 백성을 위하여 해독을 제거하는 일은 목민관으로서 마땅히 힘써야 한다. 그 첫째는 도적이요, 둘째는 귀신이요, 셋째는 호랑이이다. 이 세 가지를 없애야만 백성들의 근심이 덜어질 것이다爲民除害 牧所務也 一曰盜賊 二曰鬼魅 三曰虎狼 三者息 而民患除矣. *除害제해*.

**200.** 도적이 생기는 데는 세 가지 이유가 있다. 위에서는 행실을 단정하게 하지 않고, 중간에서는 명령을 받들어 행하지 않고, 아래에서는 법을 두려워하지 않으면, 아무리 도적을 없애려 해도 되지 않는다盜所以作, 厥有三繇. 上不端表, 中不奉令, 下不畏法, 雖欲無盜, 不可得也. *제해*.

**201.** 간악하고 세력 있는 자들이 서로 모여 악을 행하고 고치지 않으면 굳센 위력으로 쳐부숴서 백성을 편안케 하는 것도 그 다음의 방책이다奸豪相聚, 怙惡不悛, 剛威擊斷, 以安平民, 抑其次也. *제해*.

**202.** 상여로 위장하여 물건을 운반해 가는 것은 간사한 도적이 항상하는 짓이니, 거짓 초상에 상인喪人들이 슬퍼하는가 않는가를 살피는 것도 도적을 염탐하는 작은 술수이다僞轝運喪, 譎盜之恒例也, 僞訃察哀, 詗盜之小數也. *제해*.

**203.** 잘못하여 평민을 잡아다가 억지로 도둑을 만드는 수가 있는데 능히 그 원통함을 살펴서 누명을 벗기고 양민良民으로 만들어 준다면 이를 어진 목민관이라고 할 수 있다枉執平民, 鍛之爲盜, 能察其冤, 雪之爲良, 斯之謂仁牧也. *제해*.

**204.** 부처나 귀신에 가탁하여 요사스런 말로 민중을 현혹시키는 자는 제거하여야 한다假託佛鬼, 妖言惑衆者, 除之. *제해*.

## ⑩ 공전工典 6조

**205.** 산림은 나라에 바치는 공물과 세금이 나오는 곳이니 산림에 관한 행정을 옛날의 어진 임금들은 소중히 하였다山林者, 邦賦之所出, 山林之政, 聖王重焉. *山林산림*.

**206.** 소나무를 심고 가꾸어 기르는 것이 비록 법조문에 있긴 하나 해치지만 않는다면 되는데 무엇 때문에 다시 심을 것인가植松培松, 雖有法條, 能弗害之而已矣. 何以植之. *산림*.

**207.** 지방에서 나는 보물을 번거롭게 채굴해서 백성들에게 병폐가 되는 일이 없게 하라土産寶物, 無煩採掘, 以爲民病. *산림*.

**208.** 토호와 귀족들이 수리水利를 제 마음대로 하여 자기 전답에만 물을 대는 것을 엄금해야 한다土豪貴族, 擅其水利, 專漑其田者, 嚴禁. *川澤천택*.

**209.** 강과 하천의 유역에 해마다 홍수의 피해가 있어 백성들의 큰 근심거리가 되는 것은 제방을 만들어서 백성들의 거처를 안정시켜 주어야 한

다江河之濱, 連年衝決, 爲民巨患者, 作爲隄防, 以安厥居. *천택*.

**210.** 관아 건물이 기울어지고 위로 비가 새고 옆으로 바람이 들이치는데, 수리하지 아니하고 그대로 방치해 둔다면 이 또한 수령의 큰 허물이다廨宇頹圮, 上雨旁風, 莫之修繕, 任其崩毁, 亦民牧之大咎也. *繕廨선해*.

**211.** 아전과 군교와 관노 등은 마땅히 부역에 나가야 하며 중들을 모아 공사를 돕게 하는 것도 또한 한 가지 방도이다吏校奴隷之屬, 宜令赴役, 募僧助事, 是亦一道. *선해*.

**212.** 청사廳舍의 관리가 이미 잘 되어 있거든 꽃을 가꾸고 나무를 심는 것도 또한 맑은 선비의 자취이다治廨既善, 栽花種樹, 亦清士之跡也. *선해*.

**213.** 성城을 수축하고 호濠를 파서 국방을 튼튼히 하고 백성을 보호하는 일도 또한 수령의 직분이다修城浚濠, 固國保民, 亦守土者之職分也. *修城수성*.

**214.** 도로를 잘 닦아서 여행자들이 그 도로로 다니고 싶어 하게 하는 것도 훌륭한 수령의 정사이다修治道路, 使行旅願出於其路, 亦良牧之政也. *道路도로*.

**215** 농기구를 만들어서 백성들에게 경작을 권장하며 베 짜는 기계를 만들어서 부녀들의 길쌈을 권장하는 일은 목민관의 직무이다作爲農器, 以勸民耕, 作爲織器, 以勸女功, 牧之職也. *匠作장작*.

**216.** 전거田車를 만들어서 농사를 권장하고 병선兵船을 만들어서 전쟁에 대비하는 일은 목민관의 직무이다作爲田車, 以勸農務, 作爲兵船, 以設戎備, 牧之職也. *장작*.

**217.** 벽돌 굽는 법을 강구하고 기와를 구워서 고을 안을 모두 기와집으

로 만드는 것도 또한 선정善政이다講燒甓之法, 因亦陶瓦. 使邑城之內, 悉爲瓦屋, 亦善政也. *장작*.

**218.** 되와 저울이 집집마다 다른 것이야 비록 고칠 수 없더라도 모든 창고와 시장의 되와 저울은 마땅히 같게 해야 한다量衡之家異戶殊, 雖莫之救, 諸倉諸市, 宜令劃一. *장작*.

## ⑪ 진황賑荒 6조

**219.** 흉년에 기근을 구제하는 정사는 선왕先王이 마음을 다했던 바이니 목민관의 재능은 이것에서 볼 수 있다. 흉년에 기근을 구제하는 행정을 잘해야 목민관이 해야 할 가장 중요한 일이 끝나는 것이다荒政, 先王之所盡心, 牧民之才, 於斯可見 荒政善, 而牧民之能事畢矣. *備資비자*.

**220.** 흉년에 백성을 구제하는 행정은 미리 예비하는 일 만한 것이 없으니, 예비하지 않는다면 모두 구차한 것일 따름이다救荒之政, 莫如乎預備, 其不預備者, 皆苟焉而已. *비자*.

**221.** 재해 구제를 권장하는 권분勸分의 법은 멀리 주周나라 때부터 시작된 것인데, 시대가 내려옴에 따라 정치가 쇠락하여 이름과 실제가 같지 않게 되었으니 지금의 권분은 옛날의 권분이 아니다勸分之法, 遠自周代, 世降政衰, 名實不同, 今之勸分, 非古之勸分也. *勸分권분*.

**222.** 우리나라 권분의 법은 백성들로 하여금 곡식을 바치게 하여 그것

을 만민에게 나누어주는 것이다. 비록 옛날의 법은 아니지만 이미 관례가 이루어졌다吾東勸分之法, 使民納粟, 以分萬民. 雖非古法, 例已成矣. *권분*.

**223.** 권분이란 스스로 나누어 주도록 권하는 것이다. 스스로 나누어 주도록 권하면 관官의 힘이 크게 덜어질 것이다勸分也者, 勸其自分也. 勸其自分, 而官之, 省力多矣. *권분*.

**224.** 흉년이 들었을 때 재물을 도둑질하면 그 소문이 먼 변방에까지 미치고 재앙이 후손에게까지 끼칠 것이니 반드시 마음에 싹트게 해서는 안 된다竊貨於飢吻之中, 聲達邊徼, 殃流苗裔, 必不可萌於心也. *권분*.

**225.** 진휼賑恤에는 두 가지 관점이 있으니, 첫째는 시기에 맞추는 것이요, 둘째는 규모가 있어야 하는 것이다. 불 속에서 구하고 물에 빠진 사람을 건지는 것과 같은 경우인데 그 때를 살필 수 있겠는가. 많은 사람을 다루고 물자를 고루 나누어 줌에 있어 어찌 규모가 없을 수 있겠는가賑有二觀, 一曰及期, 一曰有模, 救焚拯溺, 其可以玩機乎. 馭衆平物, 其可以無模乎. *規模규모*.

**226.** 어진 사람이 진휼하는 것은 백성을 불쌍히 여길 따름이다. 다른 고을에서 떠돌아 들어오는 자도 받아들이고 내 고장에서 떠나가는 자도 머물러 있게 하여 내 고장 네 고장의 구별이 없어야 한다仁人之爲賑也, 哀之而已. 自他流者受之, 自我流者留之 無此疆爾界也. *규모*.

**227.** 유리걸식하는 자는 천하의 궁한 백성으로서 호소할 데가 없는 자이다. 어진 목민관이라면 마음을 다해야 하며 소홀히 해서는 안 된다流乞者, 天下之窮民, 而無告者也, 仁牧之所盡心, 不可忽也. *設施설시*.

**228.** 기근이 든 해에는 반드시 전염병이 있으니, 그 구제하고 치료하는 방법과 거두어 매장하는 일을 마땅히 더욱 마음을 다해야 한다饑饉之年, 必有癘疫, 其救療之方, 收瘞之政, 益宜盡心. *설시*.

**229.** 농사가 흉작으로 판명되거든 마땅히 논을 대신 밭으로 삼아 다른 곡식을 심도록 하고 가을이 되면 보리 파종을 권장한다歲事旣判, 宜飭水田, 垈爲旱田, 旱播他穀, 及秋, 申勸種麥. *補力보력.*

**230.** 곡식을 소모하는 것 중에서 술과 단술보다 더한 것이 없으니 술의 제조와 음주를 금지함은 그만둘 수 없는 것이다糜穀莫如酒醴, 酒禁未可已也. *보력*.

**231.** 진휼하는 일을 마칠 때에는 처음부터 끝까지 점검하여 범한 죄과를 하나하나 살펴야 한다賑事將畢, 點檢始終, 所犯罪過, 一一省察. *竣事준사*.

**232.** 망종芒種날에 이미 진장賑場을 파하고 곧이어 파진연罷賑宴을 베풀되 기악妓樂은 쓰지 않는다芒種之日, 旣罷賑場, 乃設罷賑之宴, 不用妓樂. *준사*.

**233.** 큰 흉년 뒤 끝에 백성들이 기진함은 큰 병을 치른 뒤에 원기를 회복하지 못한 것과 같으니, 어루만져 안정시키는 일을 소홀히 해서는 안 된다大饑之餘, 民之綿綴, 如大病之餘, 元氣未復, 撫綏安集, 不可忽也. *준사*.

## ⑫ 해관解官 6조

**234.** 벼슬은 반드시 체임遞任이 있기 마련이니, 벼슬이 갈려도 놀라지

않고 잃어도 연연하지 않으면 백성이 존경할 것이다官必有遞, 遞而不驚, 失而不戀, 民斯敬之矣. *遞代체대*.

**235.** 벼슬을 헌신짝같이 버리는 것이 옛사람의 의리이다. 벼슬이 이미 교체되고 나서 슬퍼한다면 또한 수치스럽지 아니한가棄官如蹝, 古之義也. 旣遞而悲, 不亦羞乎. *체대*.

**236.** 평소에 문서와 장부를 잘 정리해 두어서 내일이라도 곧 떠날 수 있도록 하는 것은 맑은 선비의 기풍이요, 문서와 장부를 마감하기를 청렴하고 명백하게 하여  후환이 없도록 하는 것은 지혜 있는 선비의 행실이다治簿有素, 明日遂行, 淸士之風也, 勘簿廉明, 俾無後患 智士之行也. *체대*.

**237.** 고을의 어른들이 수령을 교외에서 연회를 베풀어 전송하며 마치 어린아이가 어머니를 잃은 듯 인정이 말에 배어 나타나면 또한 인간 세상의 지극한 영광인 것이다父老相送, 飮餞于郊, 如嬰失母, 情見于辭, 亦人世之至榮也. *체대*.

**238.** 돌아가는 길에 완악頑惡한 백성을 만나 질책과 매도를 당하여 나쁜 소리가 멀리 퍼지는 것은 또한 인간 세상의 지극한 치욕이다歸路遘頑, 受其叱罵, 惡聲遠播, 此人世之至辱也. *체대*.

**239.** 청렴한 선비의 돌아가는 행장은 모든 것을 벗어 던진 듯 깨끗하여 낡은 수레와 여윈 말인데도 그 산뜻한 바람이 사람에게 스며든다淸士歸裝, 脫然瀟灑, 敝車羸馬, 其淸飇襲人. *歸裝귀장*.

**240.** 상자와 농 속에 새로 만든 그릇이 없고 구슬과 비단 등 토산물이

없다면 맑은 선비의 행장이라 할 수 있다笥籠, 無新造之器, 珠帛無土産之物, 淸士之裝也. *귀장*.

**241.** 물건을 연못에 던지고 불에 집어넣어서 하늘이 준 물건을 학대하고 없애버림으로써 자신의 청렴과 결백을 드러내는 것은 도리어 천리天理에 맞지 않는 것이다若夫投淵擲火, 暴殄天物, 以自鳴其廉潔者, 斯又不合於天理也. *귀장*.

**242.** 집에 돌아온 후에 떳떳하지 못한 물건 하나 없고 청빈한 것이 옛날과 같으면 으뜸이요. 방편을 마련하여 종족들을 넉넉하게 하는 것은 다음이다歸而無物, 淸素如昔, 上也. 設爲方便, 以贍宗族 次也. *귀장*.

**243.** 수령이 떠나가는 것이 못내 아쉬워서 백성들이 길을 막고 유임을 원하는 일은 역사책에 그 광휘光輝가 전해져 후세에 빛나는 것이니, 이는 겉시늉만으로 되는 일이 아니다惜去之切, 遮道願留, 流輝史冊, 以照後世, 非聲貌之所能爲也. *願留원류*.

**244.** 명성이 퍼져 혹 이웃 고을에서 수령으로 모시기를 빌리거나 혹 두 고을이 서로 다툰다면 이는 어진 목민관의 빛나는 값어치이다聲名所達, 或隣郡乞借, 或二邑相爭, 此賢牧之光價也. *원류*.

**245.** 백성들이 애모하고 그 명성과 치적이 뛰어나서 한 고을에 재임再任하게 된다면 이것 또한 사책史冊에 남는 광영이다因民愛慕, 以其聲績, 得再莅斯邦, 亦史冊之光也. *원류*.

**246.** 몰래 아전과 모의하고 간사한 백성을 유혹하여 대궐에 나아가서

유임을 빌게 하는 자는 임금을 속이는 것이니 그 죄가 매우 크다陰與吏謀, 誘動奸民, 使之詣闕而乞留者, 欺君罔上, 厥罪甚大. *원류*.

**247.** 수령이 형식적인 법규에 걸린 것을 백성들이 슬프게 여겨 서로 이끌고 임금께 호소하여 그 죄를 용서해 주기를 바라는 것은 오랜 옛날의 아름다운 풍속이다文法所坐, 黎民哀之, 相率籲天, 冀宥其罪者, 前古之善俗也. *乞宥걸유*.

**248.** 재임 중에 죽으매 고결한 인품이 더욱 빛나서 아전과 백성이 슬퍼하고 상여를 붙잡고 울부짖고 세월이 오래 되어도 잊지 못하는 것이 어진 목민관의 최후이다在官身沒, 而淸芬益烈, 吏民愛悼, 攀輀號咷, 旣久而不能忘者, 賢牧之有終也. *隱卒은졸*.

**249.** 병들어 누워 위독하게 되면 마땅히 곧 거처를 옮겨야 한다. 정당政堂에서 운명하여 다른 사람들이 싫어하게 되어서는 안 될 것이다寢疾旣病, 宜卽遷居, 不可考終于政堂, 以爲人厭惡. *은졸*.

**250.** 상사喪事에 소용되는 쌀喪需米은 이미 나라에서 주는 것이 있으니 백성들의 부의금을 어찌 받겠는가. 유언으로 못하도록 명함이 옳은 일이다喪需之米, 旣有公賜, 民賻之錢, 何必再受, 遺令可矣. *은졸*.

**251.** 백성을 잘 다스렸다는 명성이 이미 크게 울려 퍼지면 항상 특이한 소문이 나서 사람들이 그를 칭송할 것이다治聲旣轟, 常有異聞, 爲人所誦. *은졸*.

**252.** 수령이 죽은 뒤에 백성들이 사모하여 사당을 세워 제사를 지낸다면 생시에 남긴 사랑을 알 수 있는 것이다旣沒而思, 廟而祠之, 則其遺愛, 可知矣. *遺愛유애*.

**253.** 살아 있는 사람의 사당을 세우는 것은 예가 아니다. 어리석은 백성들이 이를 행하여 서로 따라하여 풍속이 되었다生而祠之, 非禮也. 愚民爲之, 相沿而爲俗也. *유애*.

**254.** 돌에 새겨 덕을 칭송하여 영원히 보여 주자는 것이 이른바 선정비善政碑이다. 마음속으로 반성하여 부끄러움이 없는 것, 이것이 어려운 것이다刻石頌德, 以示悠遠, 則所謂善政碑也, 內省不愧, 斯爲難矣. *유애*.

**255.** 이미 떠난 뒤에도 사모하여 심은 수목조차 오히려 사람들의 사랑과 아낌을 받는 것은 감당甘棠의 유풍이다旣去而思, 樹木猶爲人愛惜者, 甘棠之遺也. *유애*. [감당甘棠은 『시경』 편명. 백성들이 소백(召伯)의 인정(仁政)을 찬양하여 그가 머문 감당을 노래하여 애모의 뜻을 담음]

**256.** 이미 떠난 지 오래 되었는데 다시 그 고을을 지날 때, 백성들이 환영하며 음식을 들고 와 앞에 가득하면 또한 하인들조차 영광이다旣去之久, 再過玆邦, 遺黎歡迎, 壺簞滿前, 亦僕御有光. *유애*.

**257.** 많은 사람들의 칭송이 오래도록 그치지 않는다면 그가 행한 정사를 알 수 있을 것이다輿人之誦, 久而不已, 其爲政可知已. *유애*.

**258.** 재임 시에는 혁혁한 명예가 없었으나, 떠난 후에 사모한다면 오직 공을 자랑하지 않고 남몰래 선정을 베풀어서일 것이다居無赫譽, 去而後思, 其唯不伐而陰善之乎. *유애*.

**259.** 어진 사람이 가는 곳에는 따르는 사람들이 시장과 같고 돌아와도 따르는 자가 있으면 덕의 징험인 것이다仁人所適, 從者如市, 歸而有隨, 德之

驗也. *유애*.

**260.** 무릇 훼방과 칭예稱譽의 진실과 선과 악의 판별 같은 것은 반드시 군자의 말을 기다려서 이로써 공안公案: 공론에서 정한 안을 삼아야 할 것이다 若夫毁譽之眞, 善惡之判, 必待君子之言, 以爲公案. *유애,『목민심서』끝 항목*.

이상에서 본바와 같이 207년2025 전에 세상에 나온『목민심서』는 공직자의 수기修己와 치인治人의 길이, 백성을 잘 살게 하는 길이, 훌륭한 목민관이 되는 길이, 오롯이 제시되어 있다. 그래서 시공을 초월하여 사랑을 받고 있다.

다산은 호전戶典의 곡부穀簿, 下에서 "목민하는 길은 고를 均균" 한 글자에 있을 뿐이다牧民之道, 均一字而已.라고 했다. 다산은「원정原政」에서, "정치란 바르게 하는 것이자 우리 백성들이 고르게 살도록 해 주는 것"政也者, 正也. 均吾民也.이라 했다. 백성들이 고루 잘사는 나라를 꿈꾸었다.

다산은『목민심서』병전兵典 첨정에서, 태어난 지 3일 이내에 어린 아기가 병적에 올라 군포를 징수하는 황구첨정黃口簽丁과, 죽은 사람에게 군포를 징수하는 백골징포白骨徵布를 폭로했다.

당시 백성들은 모두 백골징포를 원하고 좋아했다. 아버지가 죽고 자식이 군역을 대신하려면 사망신고를 해야 하는 데 ① 물고채物故債와 ② 부표채付標債와 ③ 사정채査正債와 ④ 도안채都案債를 내야 했다. 그래서 사망신고를 하지 않고 백골징포를 편하게 여겼다. 예를 들면 백골징포가 2냥이라면, 아버지 사망신고를 사려면 물고채, 부표채, 사정채, 도안채의 합계가 100냥이라는 것이다. 1년에 2냥은 겨우 마련할 수 있지만 100냥은 마련할 수 없기에 백골징포를 오히려 편하게 여겼다는 것이다. 이것이 18~19세기 우리 조상들이 살던 시대의 부패상의 한 편린이다. 그래서 다산이 선정善政을 하는 목민관이 있기를 꿈꾸며 『목민심서』를 저술한 것이다.

다산은 사회시인社會詩人이다. 나라가 병들고 민초들이 고난에 찬 삶을 사는 것을 외면하지 않고 자아의 아픔으로 승화하였다. 잘못된 나라를 바로 잡고자 유배지에서 『경세유표』와 『목민심서』 등 많은 저서를 남겼고 우국애민憂國愛民의 사회시를 썼다.

탐관오리들의 횡포로 고난에 찬 삶던 당시 백성들은 자신들의 슬픔과 아픔을 대신 노래해 주고 고발해준 다산이 있어서 그나마 조금은 위안을 받았을 것이다. 가슴 아픈 이야기다.

# 김상홍 | 金相洪

충남 금산 출신. 공주고, 단국대학교 법학과. 고려대학교 문학박사. 단국대학교 한문교육과 교수 부임 후 교무처장, 사범대학장, 교육대학원장, 대학원장, 부총장, 석좌교수, 명예교수
교육부 교육과정심의위원회 위원, 법제처 알기 쉬운 법령만들기위원회 위원, 민주평화통일자문회의 자문위원(제10기, 11기)
한국한문교육학회장, 한국한문학회장, 청렴교육 전문교수. 국가 기관에서 청렴강의 2,074회(2024.12 현재). 시조시인

**| 저서 |**

『다산시선집 유형지의 애가』, 『다산 정약용 문학연구』(제18회 문공부추천도서), 『한국 한시론과 실학파 문학』, 『다산학연구』, 『다시 읽는 목민심서』, 『한시의 이론』, 『중국 명시의 향연』, 『한국 한시의 향기』, 『다산 문학의 재조명』(다산학술상 학술대상, 대한민국 학술원 우수도서), 『조선조 한문학의 조명』(대한민국 학술원 우수도서), 『꽃에 홀려 임금을 섬기지 않았네』, 『다산의 꿈 목민심서』(조선일보 2007 '거실을 서재로' 8월의 도서), 『다산학의 신조명』(문체부 우수학술도서), 『아버지 다산』(문체부 우수도서), 『선비의 보물상자』(세종도서) 등 40여 권

**| 수상 |**

일석학술상, 모범스승상, 연구업적상, 서울시교총교육공로상, 한국교총교육공로상, 다산학술상 학술대상, 한국노동교육원 최우수 강사상, 서울특별시인재개발원 유공강사상, 옥조근정훈장, 국가공무원인재개발원 Best 강사상·명예의 전당에 헌액
한양문학회원, 한국시조협회회원. 한양문학 등단, 한양문학상 시조 신인상·우수상·최우수상, 한국문학상 시조 특별창작상, 제3회 한용운문학상 중견 부분 시조 우수상

# 시조로 읽는 목민심서

2025년 4월 2일 초판 인쇄
2025년 4월 7일 초판 발행

지은이 _ 김상홍
펴낸이 _ 안순철
기　획 _ 양영유
제　작 _ 성두현
편　집 _ 임현수
마케팅 _ 박광현
펴낸곳 _ 단국대학교출판부
등　록 _ 1968.2.27 : No. 제03-00095호
주　소 _ 경기도 용인시 수지구 죽전로 152
전　화 _ 031-8005-2402
팩　스 _ 031-8021-7154

값 20,000원

© 김상홍, 2025

ISBN 978-89-7092-843-2 03810

• 잘못 만들어진 책은 구입하신 서점에서 교환해 드립니다.
• 이 책을 무단 복사·복제·전재하는 것은 저작권법에 위촉됩니다.